Manual de alta costura Loren

Manual de alta costura Loren

Loren Tibbet

www.librosenred.com

Dirección General: Marcelo Perazolo
Diseño de cubierta: Laura Gissi

Está prohibida la reproducción total o parcial de este libro, su tratamiento informático, la transmisión de cualquier forma o de cualquier medio, ya sea electrónico, mecánico, por fotocopia, registro u otros métodos, sin el permiso previo escrito de los titulares del Copyright.

Primera edición en español - Impresión bajo demanda

© LibrosEnRed, 2016
Una marca registrada de Amertown International S.A.

ISBN: 978-1-62915-317-9

Para encargar más copias de este libro o conocer otros libros de esta colección visite www.librosenred.com

Prólogo de Leonora de Muñoz

La modistería es el oficio de hacer o confeccionar prendas de vestir, generalmente de mujer aunque también pueden ser de hombre. Entre las habilidades y destrezas que se desarrollan en un curso de modistería, encontramos la de diseñar, la de confeccionar patrones, la de crear prototipos, la de elegir tejidos, la de cortar, ajustar y confeccionar, entre otras.

La modista se dedica al diseño y la confección de ropa a la medida y tiene la capacidad y los conocimientos necesarios para realizar las transformaciones requeridas. Conoce las telas o textiles, cómo se comportan sobre el cuerpo y hasta qué punto pueden ser trabajadas.

Este libro, *Manual de alta costura Loren*, pretende enseñar a personas sin amplios conocimientos en costura a que sean capaces de **confeccionar una prenda de vestir** solas y con la soltura suficiente, y proveerles una base para que puedan abordar en el futuro aspectos más complejos y poder sacar ese "genio" que todos llevamos dentro.

Además de la utilidad de saber confeccionar ropa, la realización de todo trabajo manual como cortar, coser o bordar permite que la persona explore una faceta nueva en su vida al alimentar su área de psicomotricidad fina, lo cual le permite gozar de mayor confianza en sí misma. Como excelente pasatiempo que es, ayuda además a superar el estrés y a liberarse de las tensiones de la rutina diaria.

Los invitamos a iniciar este camino por el maravilloso mundo de la modistería.

Leonora de Muñoz
Doctora en Psicología y profesora en la UNIEDPA

Prólogo de Olga de León Pimentel

Reconociendo la escasez de documentos que describan paso a paso metodologías, técnicas y procesos para la elaboración de patrones en la confección de vestidos, este manual básico nace como una herramienta de trabajo para principiantes, estudiantes y profesionales dedicados a las tareas relacionadas con esta actividad. Loren Tibbet deja aquí plasmada su experiencia de casi tres décadas de oficio y aporta técnicas para la confección personalizada.

Este libro está redactado en un lenguaje sencillo y práctico, y se apoya en ilustraciones claras, en las que paso a paso se instruye acerca de la estructuración de las piezas básicas que consideran medidas estándar para luego pasar a las transformaciones y adaptaciones que resultan en el desarrollo del patronaje personalizado. Aun cuando el vestuario forma parte del conjunto de necesidades básicas de los individuos, también es un elemento en el lenguaje de la moda y, a través de él, se encuentra un medio de expresión con el que se identifica el usuario al seleccionar la morfología del vestido apropiada para cada tipo de silueta que mediante el patronaje es conformada. Además, describe información que ayuda al lector a conocer su silueta y la morfología de las prendas de vestir recomendadas.

Magíster Olga L. de León Pimentel
Diseñadora de Modas
Coordinadora de la Escuela de Diseño de Modas
Facultad de Arquitectura y Diseño
Universidad de Panamá

Introducción

Con el propósito de poner en sus manos una herramienta que lo pueda ayudar con su trabajo de modistería, he recopilado todas las técnicas y trucos que he probado en mis 26 años de experiencia y que me han dado buenos resultados (aunque con esto no quiero decir que no haya otras técnicas que sean buenas, ya que en modistería "cada maestro con su libro").

Espero que reciban este manual con el mismo cariño que yo lo he preparado.

Ármense antes que nada de paciencia con usted mismo. Estamos en una profesión muy interesante y entretenida.

Muchos éxitos...

La diferencia en la costura

La vida moderna y comercial nos ha sometido a sus técnicas de producción más económicas: es la costura comercial. Este curso está basado en técnicas de la costura tomando en cuenta las costuras abiertas y detalles a mano que son necesarios para lograr un fino acabado. Debe quedarnos claro que *alta costura* es el acabado que le damos a la ropa.

Abreviaturas

T. E.: Talle de espalda.
T. F.: Talle de frente.
N. de B.: Nivel de busto.
C. B.: Contorno de busto.
C. C.: Contorno de cintura.
C. K. Contorno de cadera.
E.: Espalda.
L.: Línea.
C. B. M.: Contorno de bocamanga.
C. Brazo: Contorno de brazo.

Las diferentes costuras que estaremos usando

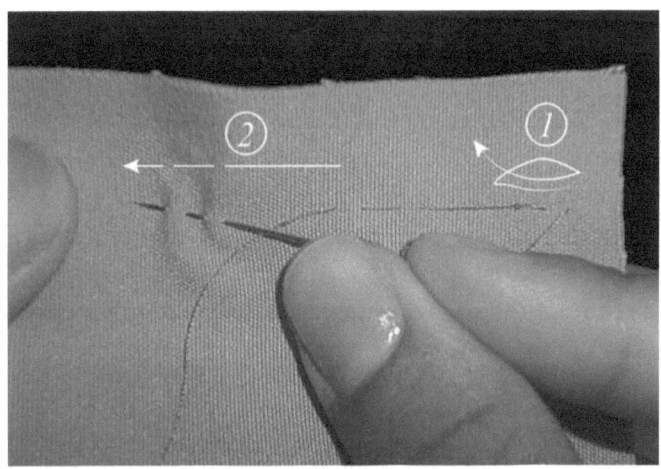

Costura de hilván:
1) Al inicio haga un punto atrás para rematar.
2) Luego realice una puntada larga seguida de dos pequeñas y continúe de esa manera hasta terminar de hilvanar la pieza.

Se recomienda utilizar el hilván para prensar dos piezas de tela antes de ser cosidas a máquina.

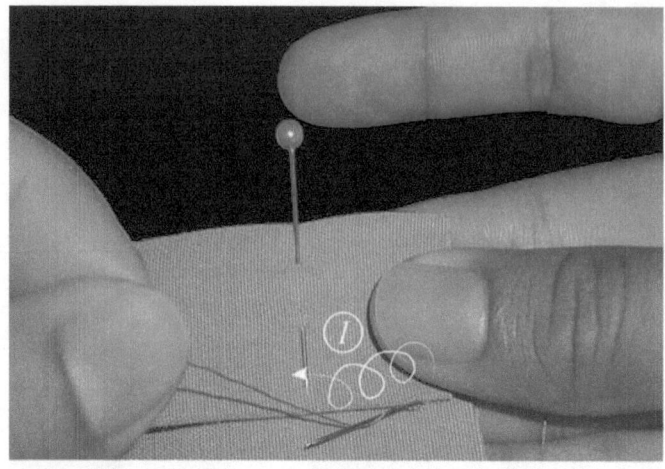

Remate:
1) Envuelva la aguja de dos a tres veces con el hilo.
2) Luego hale la aguja entre las tres vueltas del hilo para formar el nudo del remate.

Se recomienda utilizar el remate para asegurar costuras a mano como punto atrás y basta.

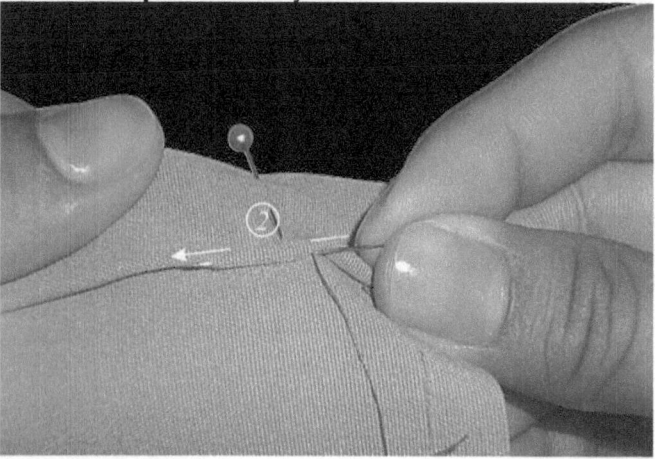

Costura de basta:
1) Haga remate antes de iniciar la costura de basta.
2) Pase la aguja dentro del doblez interno de la basta.

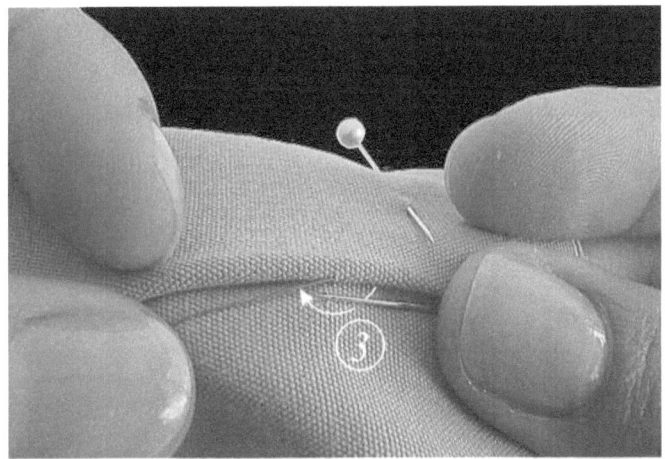

Costura de basta:

3) Luego de sacar la aguja del doblez, realice una pequeña puntada para fijar internamente esa sección de la basta al resto de la prenda.

4) Nuevamente repita los pasos 2 y 3. Recuerde que al terminar la basta debe realizar un remate para asegurar la costura.

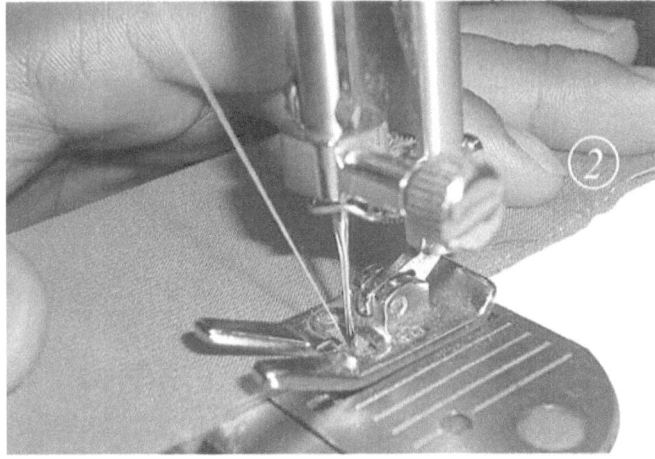

Costura francesa:

1) Una con alfileres las piezas colocando los reveses hacia adentro.

2) Luego cosa por el derechero de la tela a medio centímetro de la orilla.

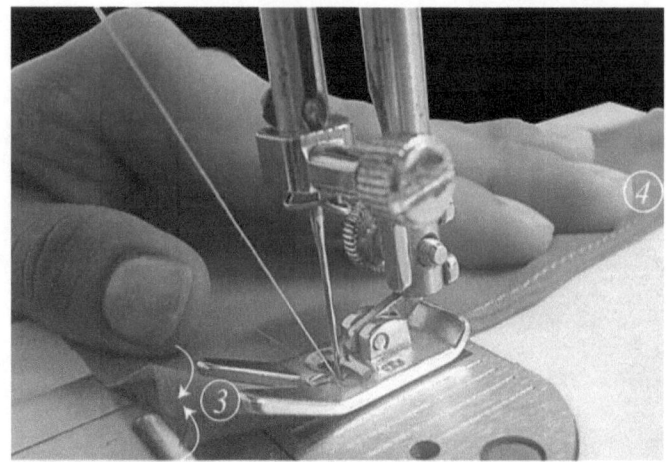

Costura francesa:

3) Doble las piezas de forma que los derechos queden encarados y la línea de la costura en el doblez.

4) Cosa otra vez a 1 cm del doblez o encerrando la primera costura.

Se recomienda al coser en telas transparentes.

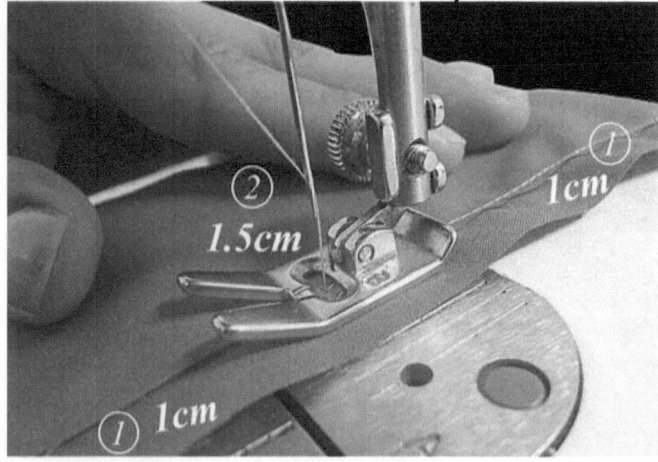

Costura inglesa:

1) Una con alfileres las piezas dejando 1 cm de diferencia entre ambas y colocando los reveses hacia adentro.

2) Cosa 1.5 cm desde la orilla por encima de la pieza superior.

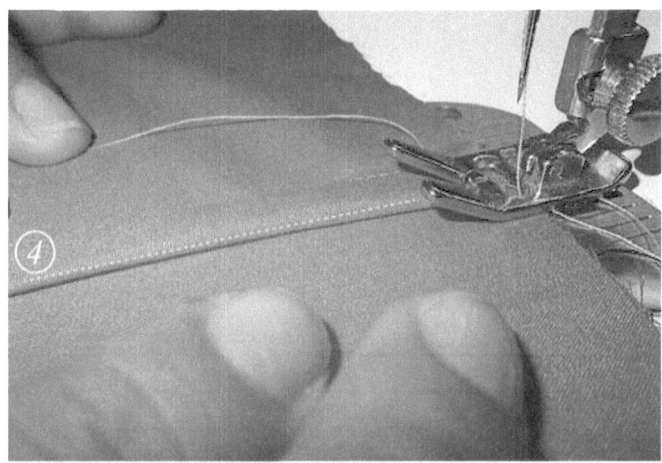

Costura inglesa:
1) Abra ambas piezas y cubra con el excedente de la pieza inferior de la costura antes realizada.
2) Finalmente cierre con costura en la orilla del doblez. Al final obtendrá una costura plana reversible.

Se recomienda para coser laterales de camisas tipo sport o de vestir.

Lista de Materiales

Lápiz	Soltador
Lápices de colores	Tijeras
Papel para molde (Papel Manila)	Agujas de mano
Agujas de máquina	Carreteles
Cinta métrica con pulg. y cm.	Cinta Adhesiva
Regla Curva	Borrador
Escuadra	Alfileres y alfiletero
Tiza	Máquina de coser
Papel para marcar tela	Tela
Marcador de modistería	Pelón

Cómo tomar las medidas

Indicaciones: atar una cinta o cordón en la cintura para marcarla.

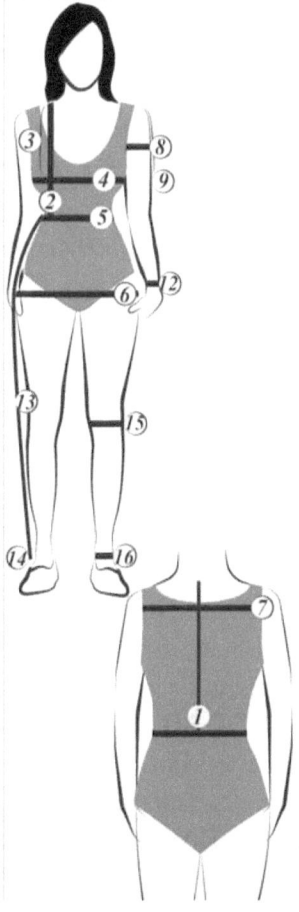

1) **TALLE DE ESPALDA:** mida desde el primer hueso de la columna hasta el cordón en la cintura.

2) **TALLE DE FRENTE:** se mide desde la costura en el hombro bajando por la parte más alta del busto hasta el cordón en la cintura.

3) **NIVEL BUSTO:** mida desde la costura en el hombro hasta la parte más alta del busto.

4) **CONTORNO DE BUSTO:** corra la cinta alrededor del busto pasando por la parte más alta con un dedo dentro de la cinta.

5) **CONTORNO DE CINTURA:** con un dedo dentro de la cinta corra la cinta alrededor de la cintura ajustando al gusto.

6) **CONTORNO DE CADERA:** corra la cintura, con un dedo dentro, alrededor de la cadera hasta llegar a la parte más alta.

7) **ESPALDA:** marque el hueso final del hombro su boca manga y mida su espalda 4 cm debajo de un lado al otro.

8) **CONTORNO DE BRAZO:** en la parte más alta de brazo con dos dedos dentro de la cinta mida alrededor sin apretar.

9) **LARGO DE MANGA CORTA:** se mide del hueso final del hombro hasta la altura del busto o a su gusto.

10) **CONTORNO DE MANGA CORTA:** corra la cinta alrededor del brazo al largo de la manga con dos dedos dentro de la cinta.

11) **LARGO DE LA MANGA LARGA:** con el brazo doblando, mida desde el hueso final del hombro por encima del codo hasta cubrir el hueso de la muñeca o al gusto.

12) **CONTORNO DE MUÑECA:** con dos dedos dentro de la cinta, corra esta alrededor de la muñeca. Para saco se corre la cinta por dentro del dedo pulgar hasta la muñeca.

13) **LARGO DE FALDA:** mida desde el cordón de la cintura hasta el largo deseado.

Pantalón

14) LARGO DEL PANTALÓN: se mide desde el cordón en la cintura hasta cubrir el hueso en el tobillo, o largo deseado.

15) CONTORNO DE RODILLA: con la persona sentada con las rodillas dobladas en L, se mide alrededor sosteniendo la cinta con dos dedos.

16) CONTORNO DE BASTA: alrededor de la basta al gusto de la persona.

Pantalón

14) LARGO DEL PANTALÓN: se mide desde el cordón en la cintura hasta cubrir el hueso en el tobillo, o largo deseado.

15) CONTORNO DE RODILLA: con la persona sentada con las rodillas dobladas en L, se mide alrededor sosteniendo la cinta con dos dedos.

16) CONTORNO DE BASTA: alrededor de la basta al gusto de la persona.

Primer módulo

Frente de falda

Medidas	
Largo de falda:	L. F.
Contorno de cintura:	C. C.
Contorno de cadera:	C. K.

Instrucciones: Para la confección del molde es necesario comprar una yarda de papel manila. Y para la confección de la pieza una yarda de 60 pulgadas de ancho para las tallas S, M, L, mientras que para tallas más grandes deben comprar dos veces el largo escogido para la falda.

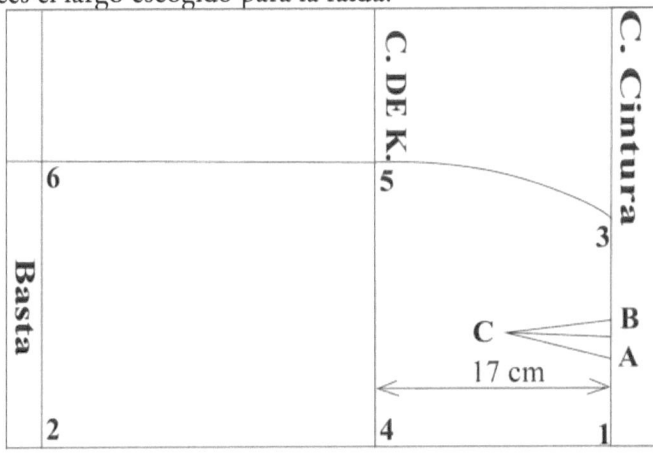

Coloque el papel con la orilla frente a usted y cuadre su primera línea a la derecha o contorno de cintura; allí ponga el punto 1. Mida del punto 1 por la orilla del papel hacia su izquierda largo de falda (punto 2) y cuadre más 5 cm. para basta.

Vuelva al punto 1 y mida la 4.ta parte de contorno de cintura más 3 cm. para pinza (punto 3).

Del punto 1 hacia el punto 2 mida 17 cm y ponga punto 4 para cuadrar altura de cadera. Sobre la línea de altura de cadera mida la 4.ta parte de C. K. y ponga punto 5. Una punto 5 al 3 con regla curva.

Del punto 2 sobre línea de basta mida 4.ta parte de C. K., ponga punto 6 y una en línea recta punto 5 con punto 6 hasta la basta.

Para encontrar la pinza mida 4.ta parte C. C. más 3 de pinza y lo dividimos entre 3. Este resultado se aplica desde el punto 1 hacia el punto 3. Coloque punto A, agregue 3 cm (punto B), divida entre dos para buscar el centro y baje el largo de la pinza hasta 12 cm máximo. Coloque punto C, verifique que la pinza esté recta midiendo del punto 1 hasta el centro de la pinza, y aplique la misma medida del punto C a la orilla del papel. Luego una el punto C al centro de la pinza A con C y C con B.

Espalda de falda

Repita el molde exactamente igual, empezando por la izquierda hacia la derecha. Del punto 1 baje 1.5 cm, que debe unir al punto 3 con semicurva. Igualmente, en el punto 2 baje 1.5 cm en la curva de basta que unimos con semicurva al punto 6 y en la basta, respectivamente.

La pretina es igual al contorno cintura más 8 cm por 11 cm de ancho. El *zipper* va 8 pulgadas desde la cintura.

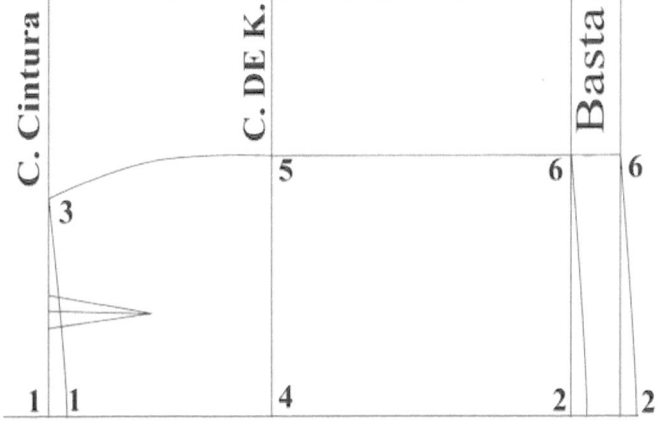

CORTANDO LA FALDA BÁSICA

1. Coloque la tela al doblez dejando el espacio para cortar la pretina al hilo de la tela.
2. Coloque el frente al dobles, deje 1 cm en la cintura para coser la pretina 2 cm a los lados, 5 cm para *zipper* en la espalda.
3. En la basta a ras.
4. Pretina es igual a C. C. más 8 cm por 11 cm de ancho.
5. Prepare pretina, doble de largo en dos y vuelva a doblar en dos dejando una diferencia de 3 cm. Mida desde el doblez hacia la punta mitad de C. C. haga aquí un piquete y otro en el centro.

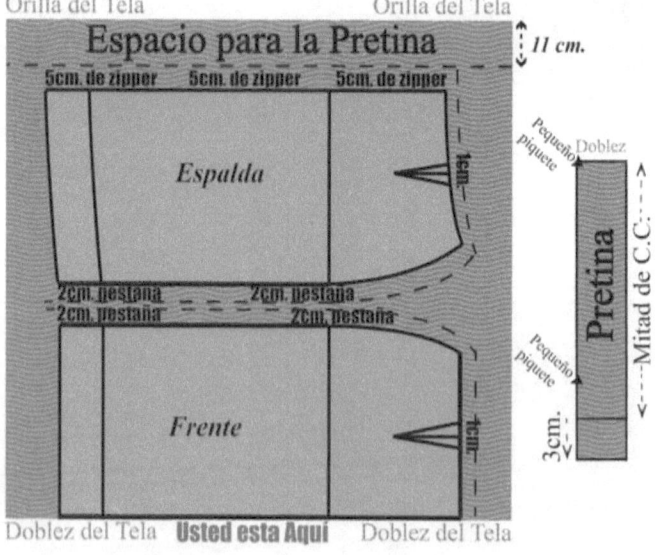

Zipper

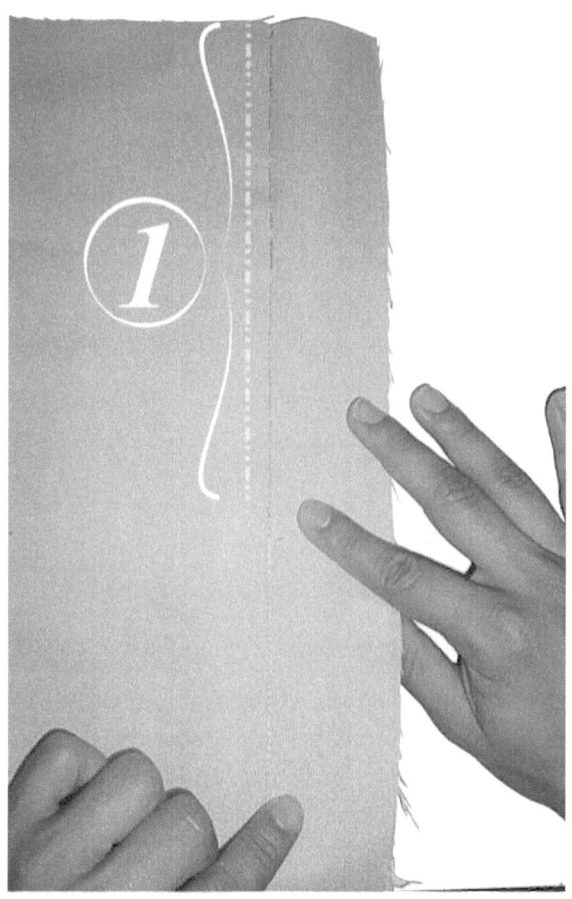

1) Hilvane costura de *zipper* y cosa el resto dejando 8 pulgadas para el *zipper*.

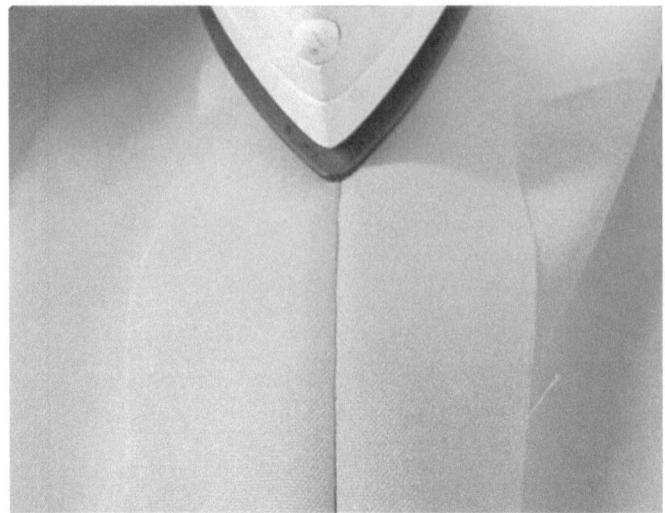

2) Planche la costura abierta.

3) Coloque el zipper sobre la costura con el carro hacia abajo e hilvane el *zipper* sobre la pestaña izquierda. Cosa con puntada punto atrás.

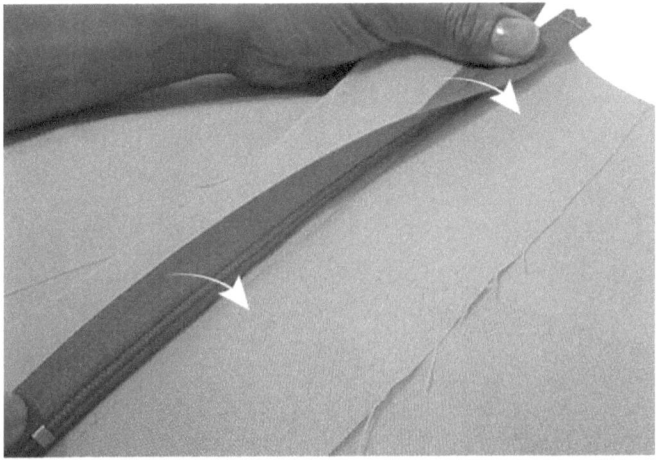

4) Empuje el *zipper* hacia la derecha.

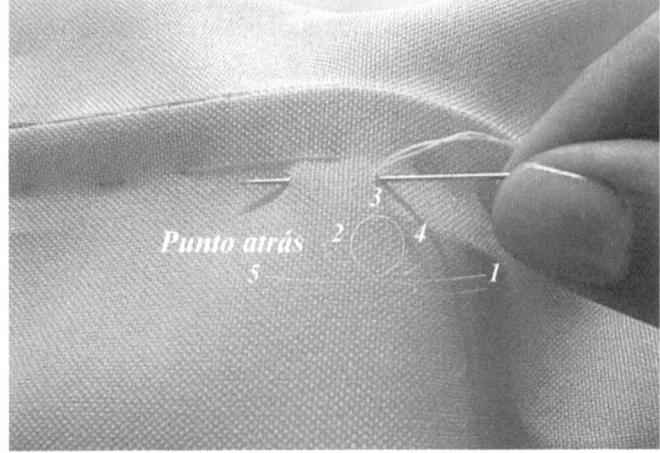

5) Voltee la falda e hilvane el *zipper* sobre la falda. Cosa con puntada punto atrás.

6) Retire hilvanes; el *zipper* debe quedar completamente cubierto.

FALDA ACAMPANADA

Instrucciones: Es necesario 2.5 yardas de tela con mucha caída para tallas S, M y L.
Mida por la orilla de la tela el largo de la falda más 3.ra parte de C. C. A continuación, doble la misma cantidad siguiendo el largo de la tela y vuelva a doblar en forma de cono dejando 3 cm para *zipper*. Ahora la tela está doblada en cuatro y en forma de cono.
Mida desde punto 1 (punta del cono) bajando por la orilla de la tela 3.ra parte de C. C. y coloque punto 2. Ahora gire la cinta métrica en forma de compás apoyándose en el punto 1 para lograr así el C. C.
Haga lo mismo con el largo de falda, debe medir desde punto 2 largo de falda y ponga punto 3. Gire nuevamente la cinta métrica en forma de compás apoyándose en el punto 1 y obtenga largo de falda.
Proceda cortando por punto 2 el C. C. y por punto 3 el largo de falda. Luego tienda en un gancho la falda de dos a tres días con el objetivo de que la tela ceda. Vuelva a medir el largo de la falda, recorte lo que sobre y proceda con la costura.

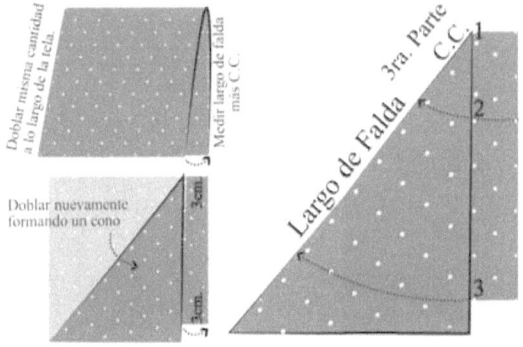

Molde básico de blusa.
Espalda

Instrucciones: Comprar una 1 yarda de papel manila para la creación del molde y 1.5 yarda de tela de 60 pulgadas de ancho para corte y confección de esta pieza.

Medidas:	Talle de espalda	Ancho de espalda
	Talle de frente	
	Nivel de busto	
	Contorno de busto	
	Contorno de cintura	

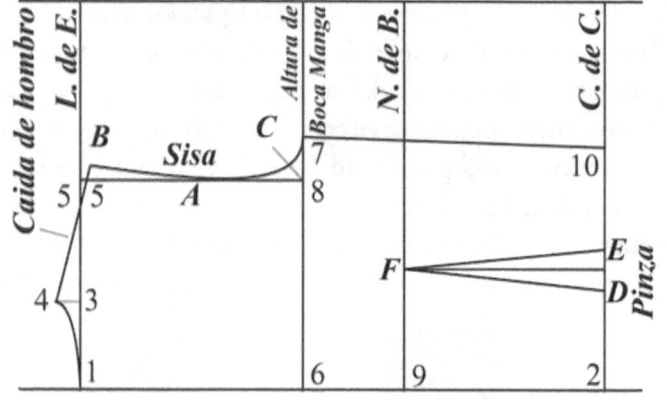

Cuadre su primera línea a la izquierda, coloque el pto. 1 L. de E. Mida sobre la orilla del papel hacia su derecha talle de E. pto. 2 Contorno de cintura. Del pto. 1 sobre la L. de E. mida 7 cm para escote pto. 3. Del pto. 3 hacia arriba mida 1.5 cm y ponga pto. 4. Una en curva a la L. de E. del pto. 4 hacia el pto. 1 y formamos el escote. Del pto. 1 sobre la L. de E. mida mitad de espalda pto. 5, medimos del pto. 5 hacia abajo 2 cm y bajamos pto. 5.

Una pto. 4 con pto. 5 en línea recta para lograr caída de hombro.

Boca manga o sisa: del pto. 1 hacia el pto. 2 mida de 19 a 23 cm (depende de la talla de la persona). Tallas de:

5 a 9 = 19 cm	9 a 12 = 20 a 21 cm
12 a 16 = 22 cm	16 = 23 cm

En el caso de no estar seguro de qué medida usar, puede proceder de la siguiente manera; busque el centro entre pto. 1 y pto. 2, suba 1 cm y cuadre ahí altura de boca manga punto 6.

Cuadre línea de boca manga o sisa, pto. 6 del pto. 6, mida 4.ta parte de C. de busto pto. 7, del pto. 6 al 7 mida mitad de espalda sobre la L. de B. manga pto. 8 que unimos con pto. 5 en línea recta. Mida del pto. 5 al pto. 8 y divida entre dos, coloque pto. A, del pto. 5, salga sobre la caída de hombro medio centímetro. Coloque pto. B, del pto. 8 salga 2 cm diagonal pto. C, unimos pto. B con A y A con C y C a la L. de B. manga pto. 7 y logramos contorno de boca manga.

Nivel del busto: del pto. 1 hacia el pto. 2 medimos N. de busto ponemos pto. 9 y cuadramos. Del pto. 2 sobre la L. de C. de cintura medimos 4.ta parte de C. C. y agregamos 3 cm para pinza pto. 10, una pto. 10 con 7 en línea recta.

Pinza: medimos la 4.ta parte de C. C. más los 3 cm de pinza y lo dividimos entre 3, aplicamos esta medida de pto. 2 hacia el pto. 10, coloque pto. D, agregue 3 cm de pinza pto. E divida entre 2 y logramos centro de pinza. Mida del centro de la pinza al pto. 2 y suba la misma medida al N. de busto pto. 9. Coloque el pto. F para lograr que la pinza esté recta. Una centro de pinza F. con D y E con F.

FRENTE DE BLUSA

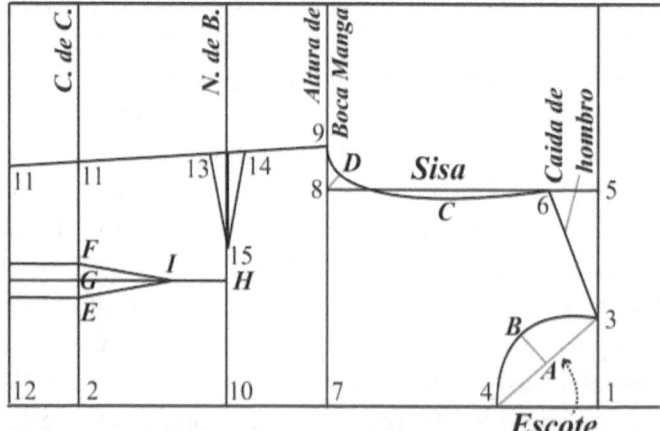

Escote

Frente de blusa: Cuadre línea de la derecha y ponga pto. 1, mida hacia su izquierda sobre la orilla del papel talle de espalda pto. 2 y cuadre.

Del pto. 1 sobre la línea de espalda mida 7 cm pto. 3, del pto. 1 sobre la orilla del papel baje 9 cm pto. 4, una pto. 4 con 3 en recta y divida por 2; coloque el pto. A, entre en diagonal 3 cm. Coloque el pto. B, una pto. 4 con B y pto. B con pto. 3 y obtendrá el escote.

Del pto. 1 mida sobre la línea de espalda, mitad de espalda pto. 5, del pto. 5 baje 4 cm pto. 6; una pto. 6 con pto. 3 en recta y obtenemos caída de hombro.

Altura de bocamanga: de 19 cm a 23 cm, dependiendo de la talla, se mide del pto. 1 sobre la orilla del papel ponemos pto. 7.

Para cuadrar altura de boca manga, mida del pto.7 sobre la línea de B. M., mitad de espalda pto. 8, una pto. 8 con 6 en línea recta.
Del pto. 7 mida sobre altura de B. M. 4.ta parte de C. de busto más 2 cm. Ponga pto. 9, mida del pto. 8 al pto. 6, divida entre dos y entre 1 cm. Coloque pto. C, del pto. 8 suba diagonal 1 cm. Coloque pto. D., una pto. 9 con pto D, D con C y C con 6, y tendrá contorno boca manga. Del pto. 1 hacia el pto. 2 mida N. de busto, ponga pto. 10 y cuadre.

Contorno de cintura: mida 4.ta parte de C. C. más 3 cm para pinza, ponga pto. 11.

Para buscar pinza, mida del pto. 2 al pto. 11, divida entre 3 y aplique ese resultado del pto. 2 hacia el pto. 11 y coloque el pto. E; se agregan 3 cm pto. F divida pto. F y pto. E para obtener centro de pinza pto. G.

Mida del pto. 2 al pto. G y la misma medida se aplica al pto. 10 sobre la línea de N. de busto; coloque pto. H, baje 4 cm, marque pto. I, una pto. I con pto. E y pto. I con pto. F.

Del pto. 2, agregamos la diferencia que hay entre talle de frente y talle de espalda pto. 12 y cuadramos. Extendemos la pinza recta bajando los pto. F, G y E bajamos pto. 11 y lo unimos con pto. 9.

Pinza del busto: es igual a la diferencia que hay entre talle de frente y talle de espalda, esta puede ser hasta 4 cm de ancho. La ubicamos entre el pto. 9 y pto. 11 usando el N. de busto como centro de pinza, medimos la mitad para cada lado, colocamos pto. 13 y 14, del pto. H salimos 4 cm sobre N. de busto pto. 15 o final de pinza, unimos los pto. 15 con 13, 15 con 14 y formamos la pinza de busto.

Casos especiales en los diferentes talles

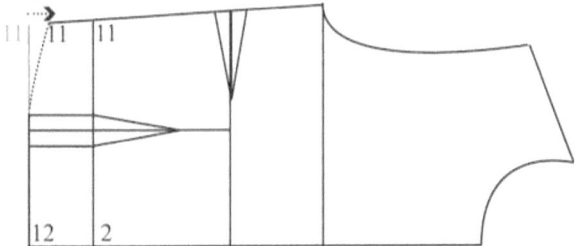

Cuando la diferencia de talle es más de 4 cm y no se puede ajustar con la pinza del busto, entonces la diferencia que falta se arregla subiendo el pto. 11 con semicurva hasta la pinza.

Confección de molde de manga

Medidas	
Largo de manga larga	Contorno de bocamanga
Contorno de muñeca	Largo de manga corta
Contorno de manga corta	Contorno de brazo más 2 cm

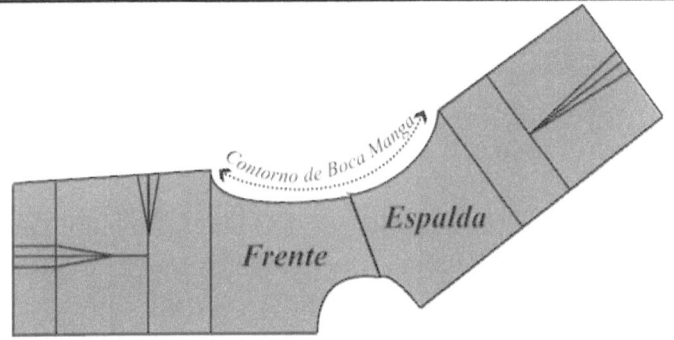

Para encontrar el contorno de boca manga unimos los moldes de la blusa hombro con hombro y escote con escote, camine verticalmente la cinta alrededor de la boca manga y así encontrará contorno de boca manga.

Formamos un rectángulo con la medida de contorno de brazo más 2 cm por el largo de la manga y ponemos punto 1, 2, 3, 4. Agregamos del punto 2, 4 cm para basta.

Medimos del punto 1 al punto 3 y dividimos entre dos, ponemos punto 5, igual dividimos entre 2 del punto 2 al punto 4 y ponemos punto, 6 unimos punto 5 con punto 6 para lograr dobles de manga, ponemos frente y espalda.

En el frente, tomamos la mitad de contorno de bocamanga (C. B. M.) y fijamos la cinta en el punto 5, la cual moveremos en forma de compás hasta que nos dé la medida de C. B. M. Fijamos punto 7, unimos punto 5 con 7 en línea recta, igualmente aplicamos mitad de C. B. M. del punto 5 al punto 8 unimos en recta punto 5 con punto 8. Volvemos al frente y dividimos del punto 5 al 7, entre 3 fijamos el punto A y B.

Del pto. 5 bajamos 2 cm, ponemos pto. C del pto. A, salimos 1 cm y corremos pto. A del pto. B. Entramos 2cm, corremos pto. B, unimos con curva pto. C con pto. A, pto. A con pto, B y B con pto. 7.

En la espalda medimos del pto. 5 al pto. 8, dividimos entre 3, ponemos ptos. A y B, del pto. 5 mantenemos 2 cm sobre la línea recta. Fijamos pto. C, del pto. A salimos 2 cm, corremos punto A del punto B, salimos 1 cm, corremos el pto. B, unimos en curva pto. C con el A, del A al B y de B al pto.8.

Pasamos al pto. 6 y medimos hacia cada lado mitad de contorno de muñeca, ponemos pto. 9 y 10, unimos en recta pto. 8 y con 9 y 7 con 10 corregimos doblez de la basta. Del pto. 7 al 8 podemos verificar que tenga la medida de contorno de brazo.

Manga corta: mida del pto. 5 sobre doblez de manga el largo de manga corta, fijamos pto. 11 y cuadramos, agregamos 4 cm para basta, del pto. 11 medimos hacia cada lado la mitad de contorno de manga corta, colocamos pto. 12 y pto. 13, corregimos doblez de la basta.

Cortando manga

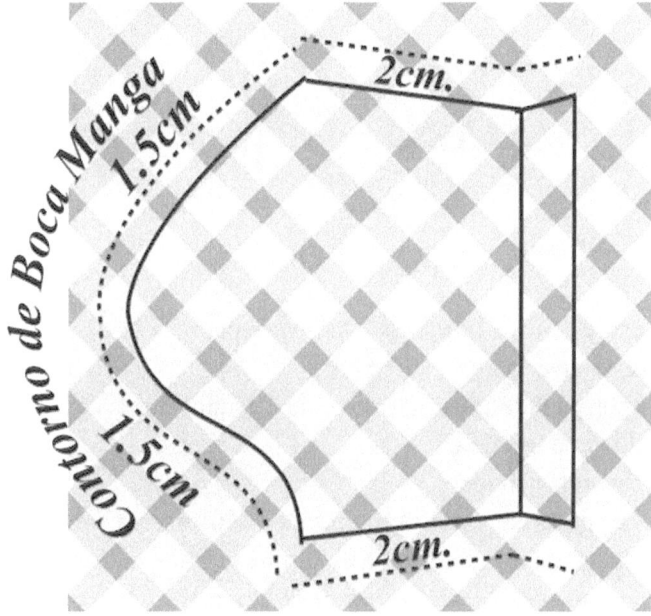

Se deja 2 cm en cada lado y 1.5 cm en el C. B. M., la basta se corta al ras.

Cosiendo la manga

Después de unir hombros y lados, se plancha la pieza con las costuras abiertas.

Se coloca la manga derecho con derecho, frente con frente y espalda con espalda.

Hilvane y pruebe.

Es importante coser la manga por dentro y no sobre la blusa, ya que de esa manera se evita que la bocamanga ceda y la manga no encaje con el resto de la blusa.

Finalmente cosa empezando unos 7 a 8 cm en el frente y termine en la espalda a unos 7 a 8 cm pasada las costuras laterales. De esta manera la curva inferior de la bocamanga queda cosida dos veces y resulta más resistente al uso regular que se le dé a la prenda.

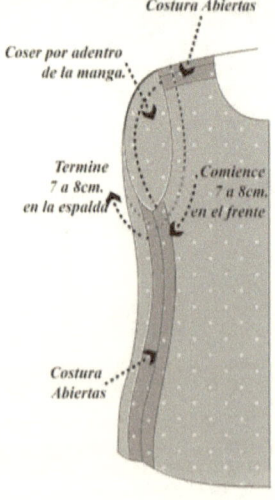

Molde y corte de blusa sport

Confeccione un molde básico de blusa y una con molde de falda. Mida de la cintura hacia abajo el largo deseado. A los lados, si es la blusa recta, agregue 1.5 cm en el busto, así como 1.5 cm en la cadera y una, en línea recta, el busto con la cadera. A esta blusa no se le marcan o cosen las pinzas.

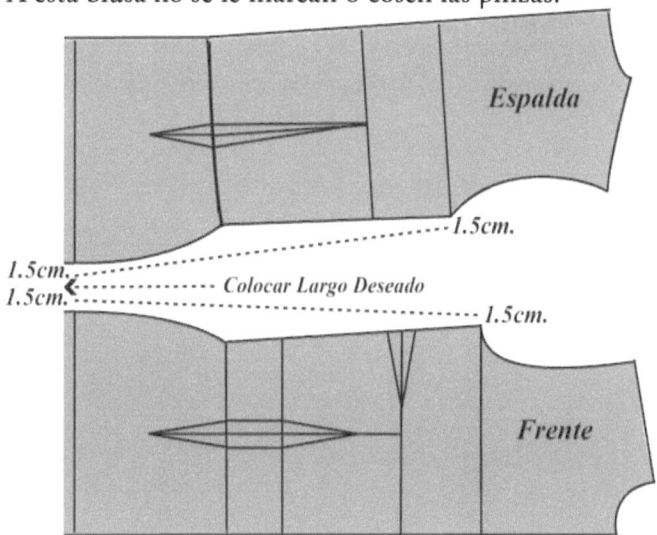

Doble la tela por la orilla de 11 a 12 cm de ancho. Luego coloque el molde dejando 3 cm de cruce de botones. Si no desea la pinza del busto, dóblela y recuerde corregir la alteración del molde del escote (se cortan dos piezas). El molde de espalda se coloca al doblez (recuerde evitar la curva de la espalda acomodando el molde a él). Deje 1.5 cm en la boca manga y escote para costura. En los hombros y a los lados 2 cm.

Si va a poner manga y cuello *sport* básico, utilice los respectivos moldes. Recuerde cortar ambas piezas al hilo de la tela.

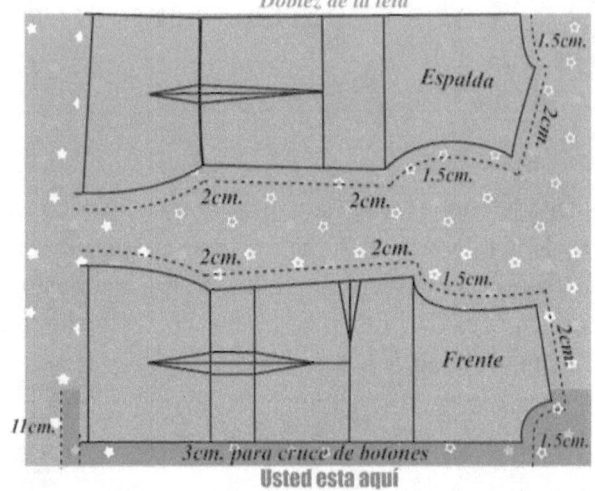

Cuello sport básico y chino

Cuello *sport* básico: Formar un rectángulo con la mitad de contorno de cuello por 6 cm de ancho. Colocar punto 1, 2, 3 y 4 del punto 1 al 2, buscar el centro y colocar punto A. Del punto 3 al punto 4 buscar el centro y colocar el punto B. Del punto 2 subir 1 cm y marcar el punto C. Del punto 2 salir 1 cm hacia la derecha y marcar el punto D. Del punto 4 subir 1 cm y marcar el punto E. Luego una todos los puntos.

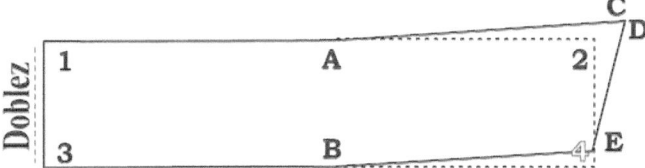

Cuello chino: Confeccionar un rectángulo con la mitad de contorno de cuello por 4 cm de ancho y ponga puntos 1. 2. 3 y 4. Del punto 1 al 2 divida entre dos y ponga punto A. Del 3 al 4 divida entre dos y ponga el punto B. Del 2 suba 1 cm, ponga punto C. Del punto 4 suba 1 cm y ponga punto D. Una de A a C, de B a D y C a D con curva.

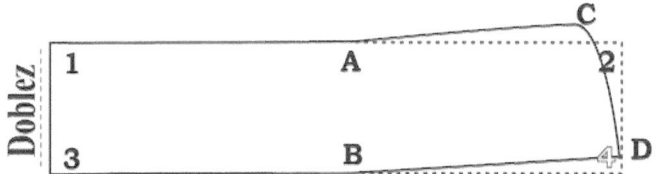

Blusa Básica y Blusa Sport.

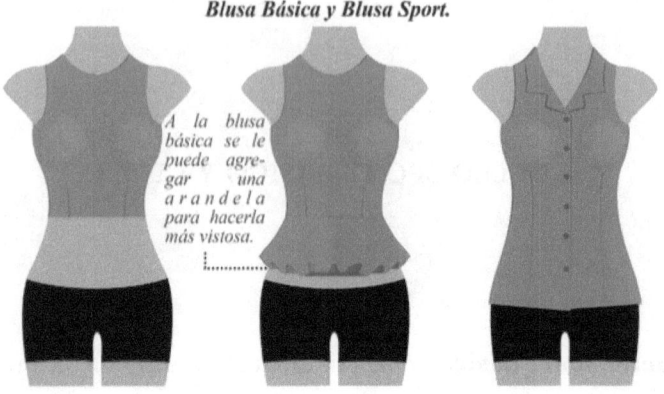

A la blusa básica se le puede agregar una arandela para hacerla más vistosa.

Molde y corte de vestido básico

Instrucciones: Comprar 1.5 yardas de tela para las tallas S y M, mientras que para L y XL 2.5 yardas.

Unimos molde de blusa y falda básico en la cintura, frente con frente y espalda con espalda. Todas sus líneas y pinzas deben quedar en la misma posición. En la espalda se formara una curva y debemos recortar según la forma que tenga.

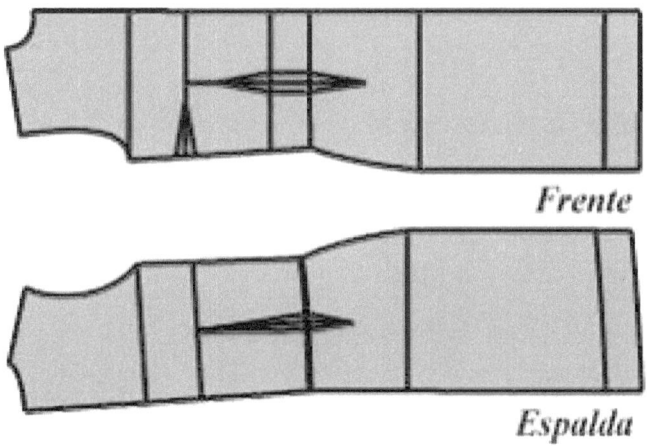

Frente

Espalda

Coloque la tela al doblez dejando las costuras para escote y mangas 1.5 cm mientras que para los lados y hombros, 2 cm. Marque todas sus costuras. Falsos deben cortarlos con las piezas dándoles la misma forma en el escote, hombros y boca manga. En la parte baja de bocamanga bajar de 9 a 12 cm. Liberar busto y espalda siguiendo la forma indicada.

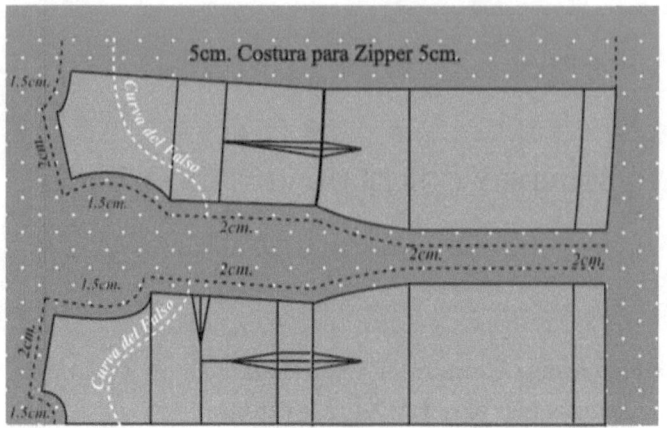

Confección de vestido básico sin mangas

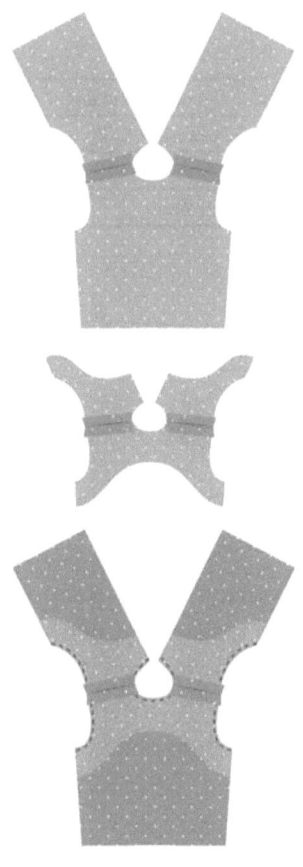

1) Poner pelón suave a los falsos.
2) Unir hombros de vestido con vestido y falso con falso.
3) Planche costura abierta.
4) Coloque el vestido y los falsos derecho con derecho, que coincidan las costuras de hombros.
5) Recuerde dejar en los extremos el espacio para coser el *zipper*.
6) Hilvane y cosa escote. Proceda con el pespunte en el escote (ver Pespunte).
7) Hilvane y cosa bocamanga.
8) Vire pasando la parte de atrás entre los hombros.
9) Cierre costura de *zipper* y cósalo.
10) Cosa los lados, falso con falso y recuerde coincidir costura de la boca manga.

Pasos 2 y 3 (imágenes de arriba y del medio)/paso 5 (imagen de abajo)

Construcción del molde de pantalón

Nota: Para este modelo necesitamos 1.5 yardas de telas tallas S y M.

Medidas frente del pantalón:	
Largo del pantalón: L. P.	Contorno de cintura: C. C.
Contorno de cadera: C. K.	Contorno de rodilla: C. R.
Contorno de Basta.	

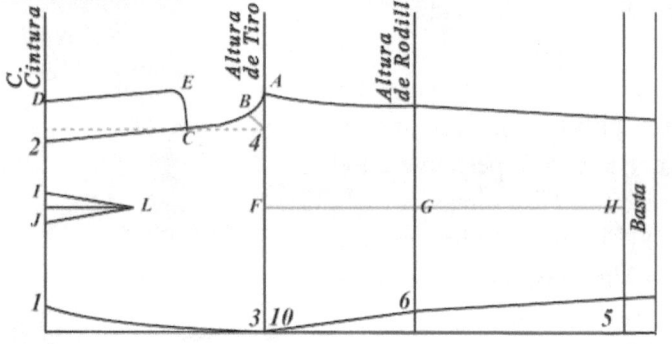

Tomamos el papel por la orilla dejando un margen de 4 cm a nuestra izquierda y cuadramos nuestra primera línea. Medimos el largo del pantalón y cuadramos más 5 cm para basta pto. 5. A nuestra izquierda pegado a la orilla formamos un cuadrado con la 4.ta parte de C. K. y ponemos los puntos 1, 2, 3 y 4. Del pto. 4 salimos sobre la línea de tiro, 4.ta parte de 4.ta parte de C. K., menos 2 cm ponemos punto A. Del punto 4 subimos diagonal 2 cm y ponemos pto. B. De pto. 2 entramos 1 cm y corremos pto. 2 B. Medimos del punto 2 sobre la línea de tiro 8 pulgadas para el *zipper* y ponemos pto. C. Ahora unimos el 2 con el C con el B y el A para obtener el tiro.

Aletilla: Del pto. 2 salimos 5 cm y ponemos pto D y del pto. C salimos 5 cm y ponemos pto. E una D con E. E con C y corrija la esquina del pto. E. Del pto. 2 hacia el pto. 1 medimos 4.ta parte de C. C. más 3 cm; para pinzas ponga un punto y una con regla curva hacia pto. 3.

Altura de rodilla: Se mide de la altura de tiro pto. 3 hasta la basta pto. 5, se divide en dos. Colocamos punto y se suben 2 cm. Se cuadra la altura de la rodilla y ponemos pto. 6.

Para obtener el **doblez del *pantalón*** medimos del pto. 3 al pto. A y dividimos entre dos; ponemos un punto F y la misma medida se aplica en la altura de la rodilla desde el borde del papel hacia dentro. Ponemos el pto. G en la basta, medimos igual y ponemos el pto. H con la regla recta. Unimos los puntos F con G y H para así obtener el doblez del pantalón.

En la altura de rodilla se mide del pto. G hacia cada lado. En la 4.ta parte de contorno de rodilla se pone un punto. En la basta pto. H se aplica 4.ta parte de contorno de basta a cada lado de pto. H y ponga puntos respectivos. Unimos entre piernas de la basta a la rodilla con regla recta y de la rodilla al pto. A con semicurva. Unimos los lados de basta a rodilla recto y de rodilla a cadera pto. 3 subiendo 4 cm pto.10.

La pinza: Se extiende el pto. F hasta la línea de C.C. y sobre esa línea haga su pinza dejando 1.5 cm para cada lado y 12 cm para largo de la pinza. Proceda a unir los puntos I, J y L que conformaran la pinza.

Espalda del pantalón

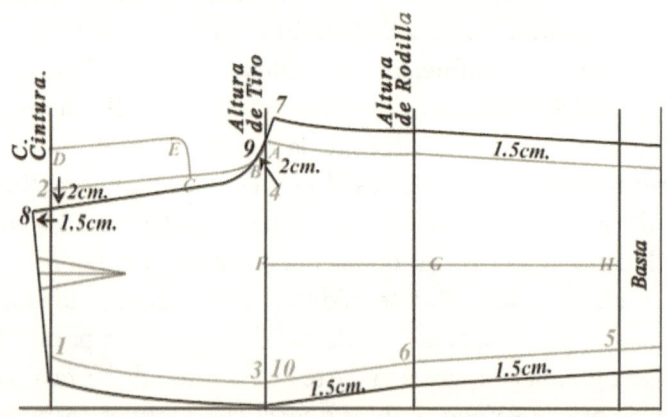

Coloque el frente de su pantalón dejando un margen de 4 cm arriba y de 2 cm al lado extienda las líneas de basta altura de tiro.

Altura de rodilla: extienda de la basta hasta la rodilla 1.5 cm a cada lado en entre pierna y en el tiro del pto. A agregue la 4.ta parte de 4.ta parte C. K. Ponga pto. 7, una pto. 7 con semicurva a la rodilla, de la rodilla a la basta con recta. A los lados agregue 1.5 cm hasta la cadera pto. 10 y únalos con recta. Del pto.2 entre 2 cm ponga un punto y suba 1.5 cm, ponga pto. 8. Del pto. 4 salga 2 cm y sobre la línea de tiro y ponga pto. 9.

Del pto. 7 baje 1 cm y ponga un punto, una con recta pto. 8 con 9 y del pto. 9 a pto. 7 con semicurva.

Del pto. 9 salga diagonal 1 cm y corrija la curva del tiro mida del pto. 8 hasta el pto. 1 4.ta parte de C. C. más 3 cm de pinza.

Una con recta pto. 1 con pto. 8 y con curva pto. 1 con pto. 10. Busque la pinza igual que el frente y pase también el doblez del pantalón punto F G H.

Cortando el pantalón

Coloque la tela al doblez, luego coloque el frente lateral al orilla dejando un mínimo de 3 cm. Mida del punto F hasta la orilla y del H hasta la orilla para que la tela quede recta y haga lo mismo con la espalda. Trace costura de 2 cm en la entre pierna y los lados. En el tiro 1.5 cm y en la cintura 1 cm. No agregar nada en la basta ni aletilla.

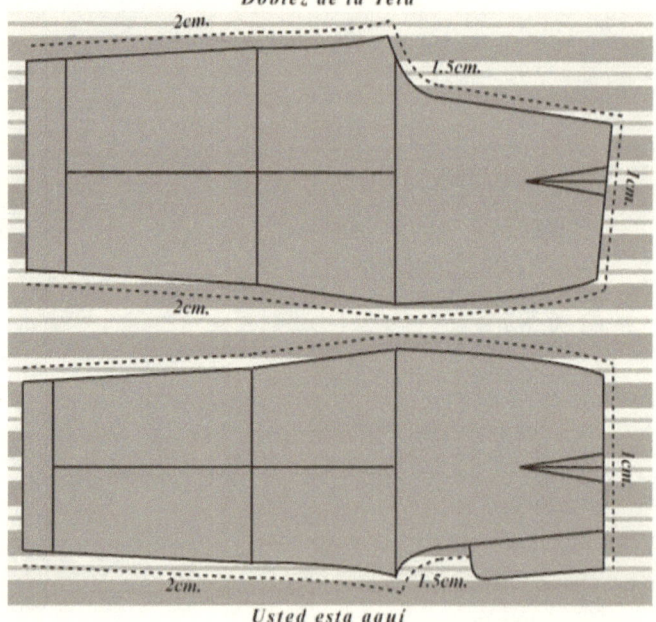

Usted esta aquí

Colocación de pretina

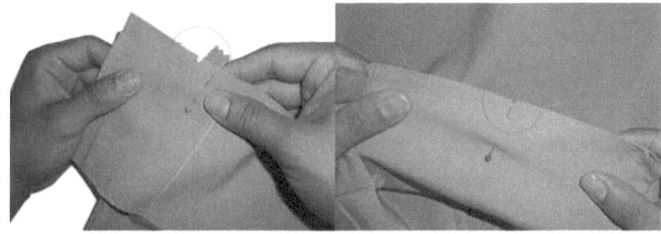

1) Luego de haber cortado y marcado los piquetes correspondientes a la pretina (Ver Cortando la falda), procedemos a presentar la pretina con el contorno de cintura de la falda, de tal manera que los piquetes hechos a la pretina coincidan con ambas puntas del cierre y el centro delantero de la falda.

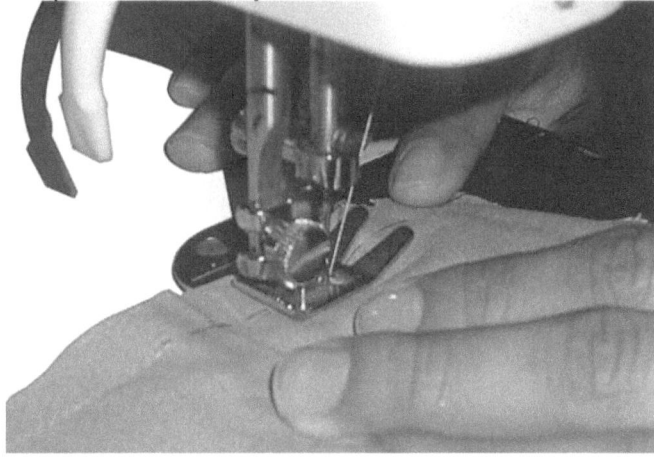

2) Procedemos a hilvanar la pretina con el resto de la falda para después coserla a máquina.

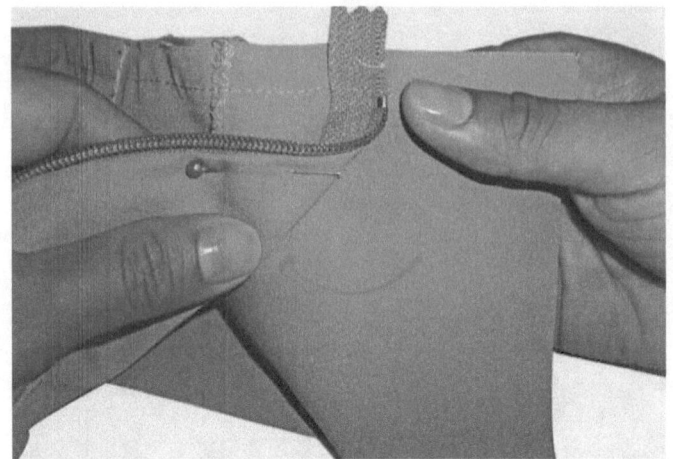

3) Doblamos el *zipper* en forma de una L o L invertida dependiendo de la punta para coser.

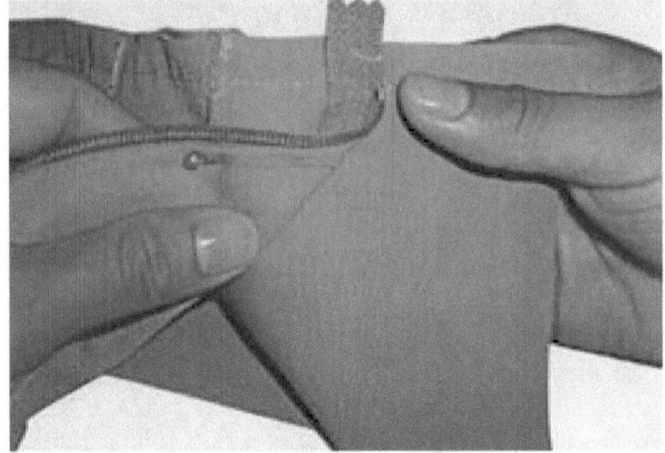

3) En este paso puede ayudarse con un alfiler.

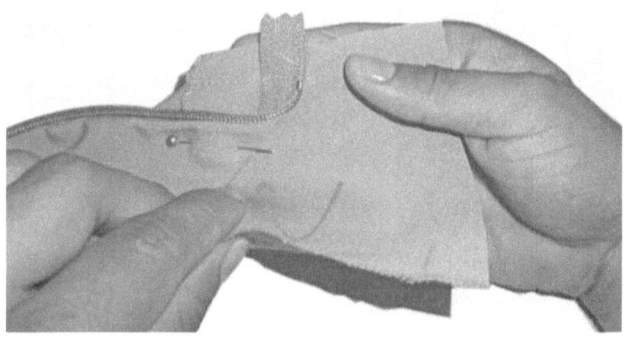

3) Procedemos a cubrir el *zipper*.

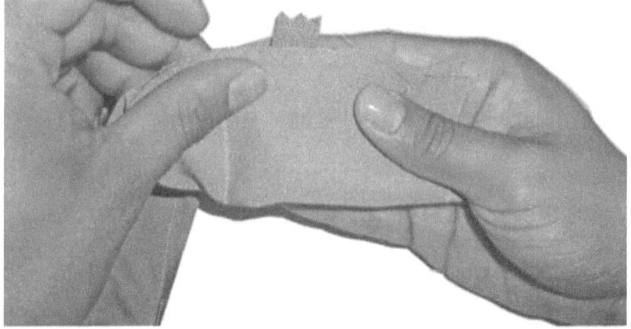

3) Cubrimos totalmente los extremos superiores en ambos lados del *zipper* con la pretina.

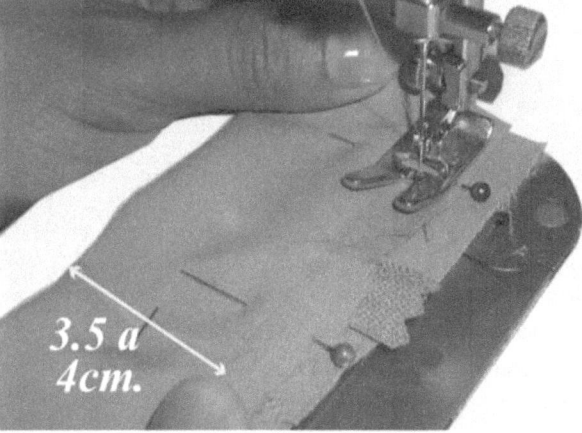

4) Seguimos con el cierre de la primera punta de la pretina cosiendo a lo largo. Recuerde que el ancho de su pretina

debe ser de 3.5 cm a 4 cm desde la costura al borde de la pretina.

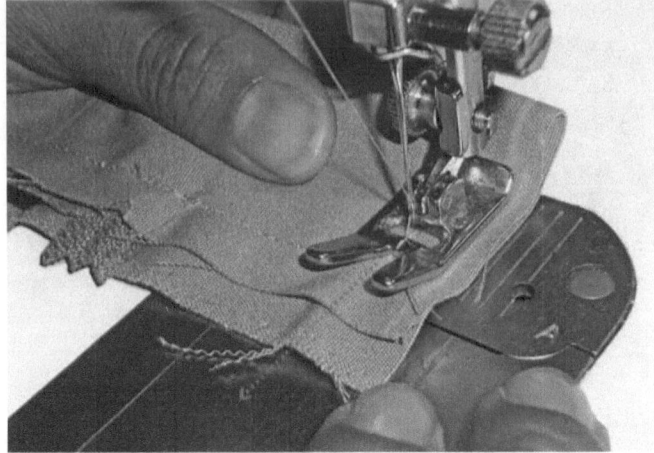

5) Luego cerramos la esquina a lo largo. Es importante que ambas esquinas de la pretina queden del mismo ancho. Repita pasos 4 y 5 con la otra esquina.

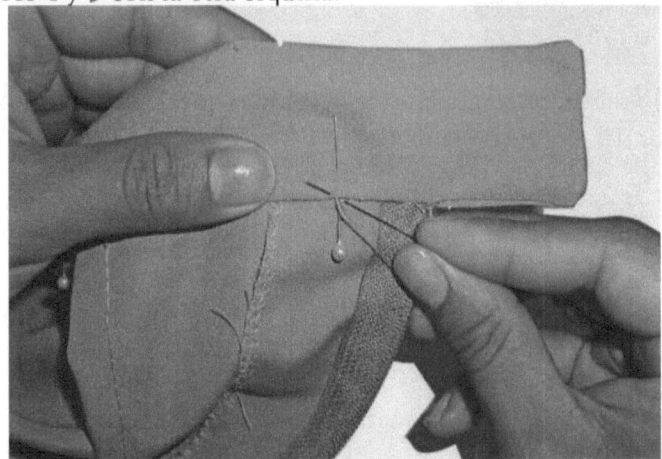

6) Finalmente, cosa la parte inferior de la pretina con puntada de basta corta con hilo doble.

Segundo módulo
Más y diferenttes modelos desde tus moldes básicos

Corte princesa

Trace molde básico de vestido, camine la cinta en la B. M. de abajo hacia arriba y mida 8 cm. Ponga punto 1, después del punto puede subir la medida deseada. Una en curva a la pinza a la altura del nivel de busto punto 2, mida del centro de la pinza a la orilla y aplique esa misma medida en la basta punto 3. En la B. M. se elimina 0.75 cm en una pinza escondida.

La espalda

Igualmente medir la misma cantidad en la bocamanga y unir con la pinza. Medir la pinza de la orilla al centro y aplicar las mismas medidas en la basta punto 3. Unir a la pinza al cortar el molde para eliminarla.

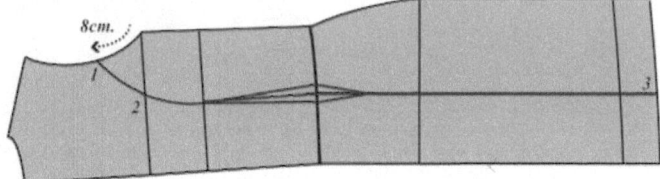

Cortando el vestido princesa

Si el corte princesa es con vuelo se agrega el vuelo deseado a cada pieza, recuerde doblar la pinza del busto. Cada pieza recibe un aumento igual y se mide del punto A al B y debe ser igual del A al C. Agregar costura a los lados 2 cm y en las pinzas 1.5 cm.

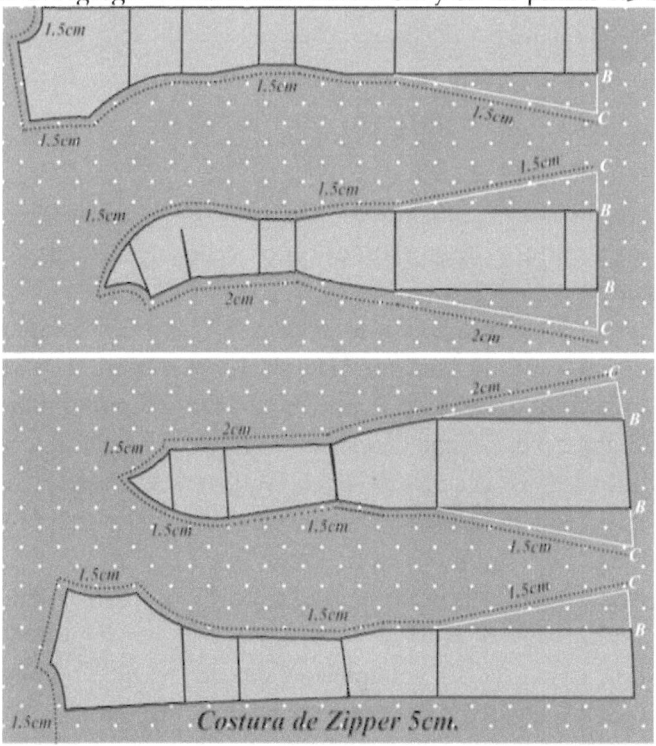

Cuello de saco

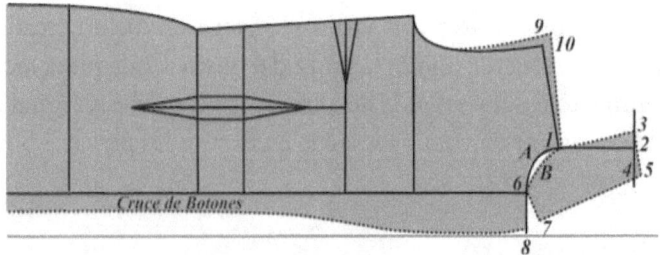

El molde de blusa básico se coloca dejando 7 cm de margen en el frente y 12 cm sobre el cuello. Colocamos punto 1 en el hombro (en el nacimiento del cuello) subimos 9 cm. Y colocamos el punto 2 (o mitad de contorno de cuello de espalda) formando una T.

Sobre la T hacia su izquierda aplicamos 2.5 cm. Y colocamos el punto 3. Del punto 3 unimos al punto 1. Sobre la t hacia la derecha aplicamos 6 cm. Y colocamos el punto 4 del punto 4, hacia arriba aplicamos 2.5 cm. Colocamos el punto 5 se une recto al 3.

Minimizamos la curva del cuello subiendo 1 cm (puntos a y b). Salga del escote básico 1.5 cm (punto 6). Del punto 6 suba diagonal 5 cm (punto 7), una 6 con 7 y 7 con 5. Las puntas pueden variar de acuerdo con el modelo o gusto. Ejemplo: Figura 2.

De la basta a la cintura aplicar 4 cm de cruce de botones o hasta donde desee poner el primer botón según modelo.

En la B. M. se sale 1 cm y se sube 1 cm en la caída de hombros (puntos 9 y 10).

Los bolsillos deben ir de 5 a 7 cm debajo de la cintura y deben tener 13 cm de ancho. Para determinar el largo del saco mida desde la cintura hacia abajo hasta llegar el largo deseado.

Este estilo de cuello se aplica en sacos, vestidos, blusas, etc.

Espalda de saco

En la espalda coloque molde básico 1 cm en la caída del hombro (punto 1) y 1 cm de espalda (punto 2).

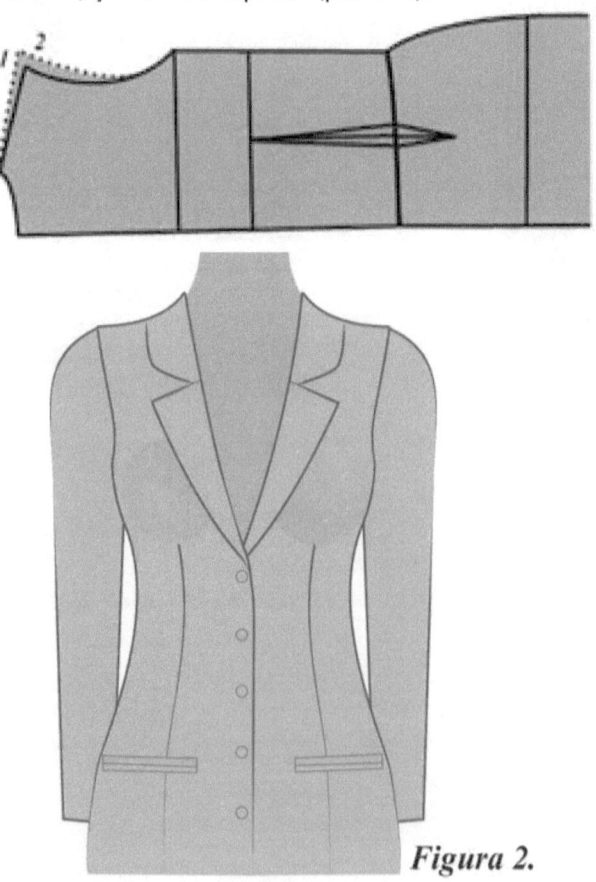

Figura 2.

Confección bolsillo de saco

1. Cortar 1 pieza que mida de 30 a 34 cm de largo por 18 de ancho. Pegar pelón en un extremo de 8 cm por 18, dibujar

abertura dejando 4 cm arriba y 2.5 cm de cada lado. La abertura es de 13 cm y 1.5 cm de ancho o a su gusto.

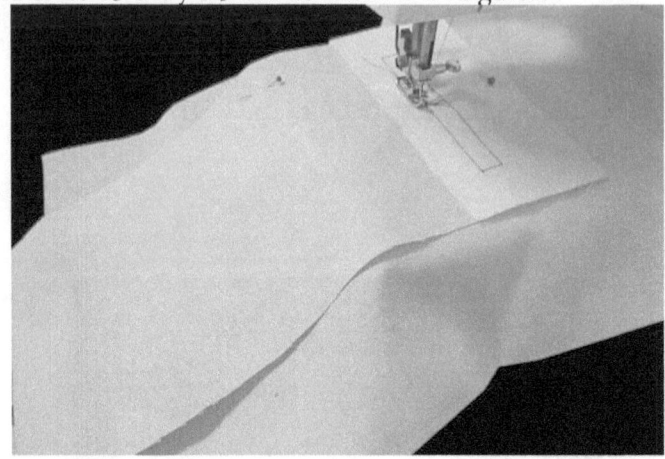

2. Coser por donde se marca colocando el derecho del bolsillo con derecho del saco.

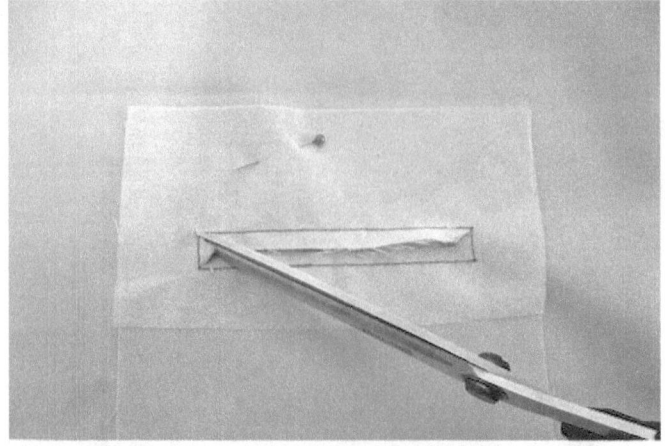

3. Cortar por el centro de la abertura dejando en los extremos una pestaña en forma de triángulo.

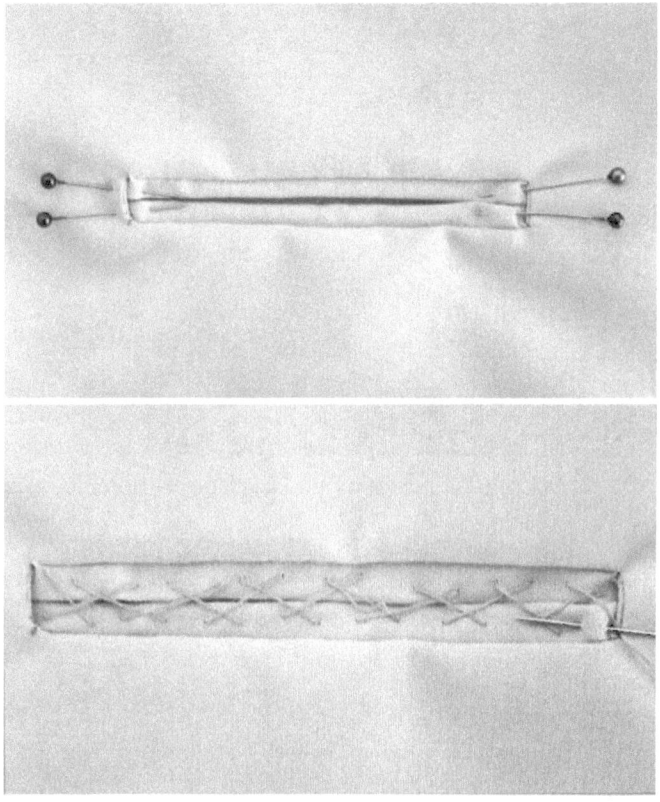

4. Pase ahora la tela del bolsillo hacia el revés del saco por la abertura con ambas vistas a partes iguales o una sola e hilvane las vistas con costura sastre.

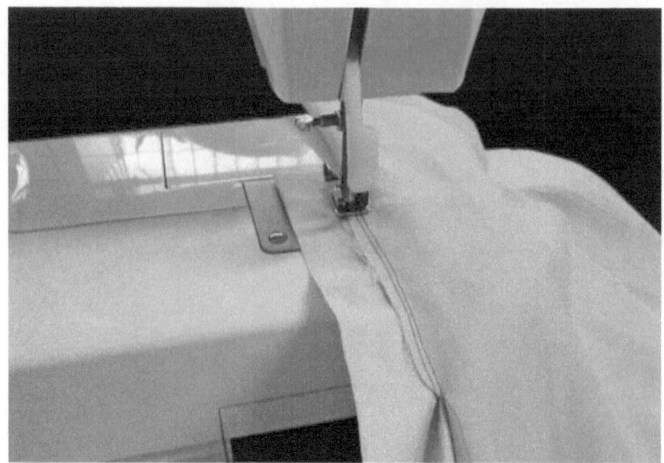

5. Al revés cosa las pestañas de las vistas al bolsillo, ambos lados, para fijarlo.

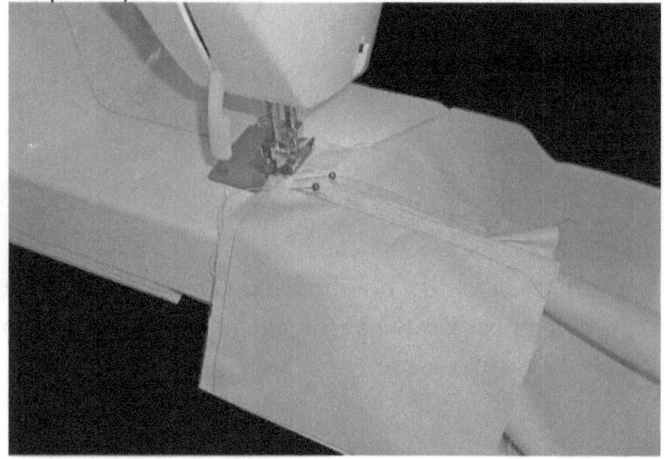

6. Cierre el bolsillo, doblando la bolsa primero al revés de la bolsa y después al derecho. Por último cierre la parte de arriba.

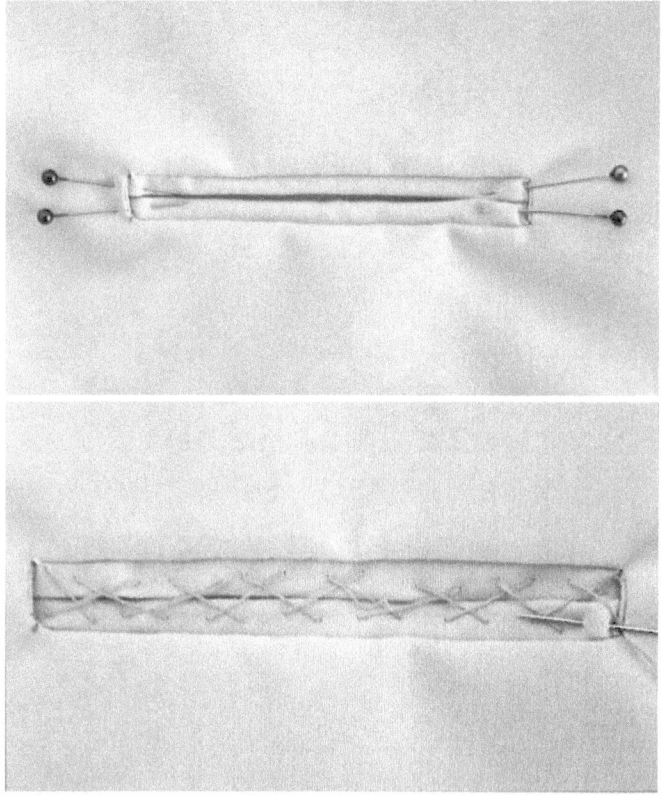

4. Pase ahora la tela del bolsillo hacia el revés del saco por la abertura con ambas vistas a partes iguales o una sola e hilvane las vistas con costura sastre.

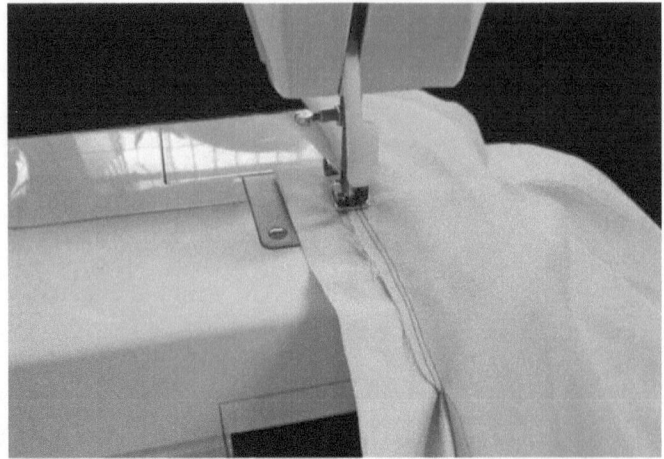

5. Al revés cosa las pestañas de las vistas al bolsillo, ambos lados, para fijarlo.

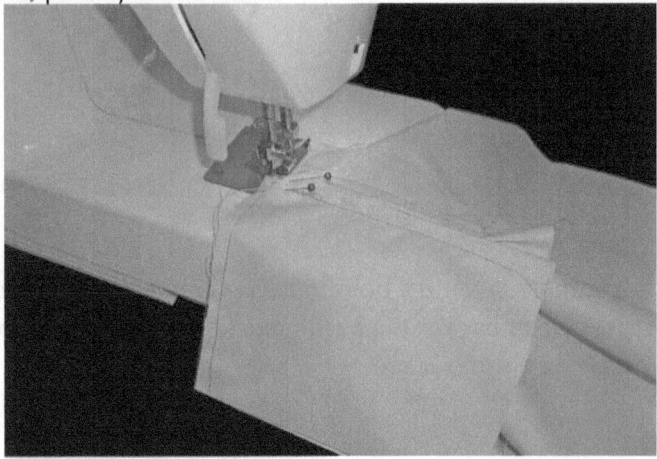

6. Cierre el bolsillo, doblando la bolsa primero al revés de la bolsa y después al derecho. Por último cierre la parte de arriba.

Manual de alta costura Loren

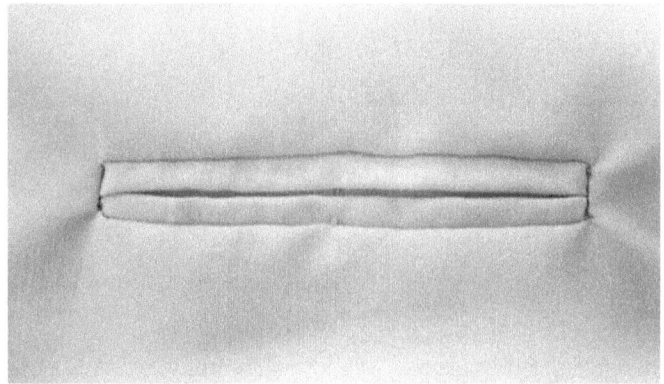

Corte imperio

Construya molde básico de vestido, en el frente mida de la parte más alta del busto hasta su nacimiento y aplique esta medida en el punto 1 al nivel del busto y el punto 2. Cuadre una línea a esta altura, esta línea puede ser modificada en ambos extremos pero el punto 2 se mantiene en su lugar. Para continuar el corte en la espalda se mide por los lados de la línea de C. C. (punto 3) hacia arriba hacia el punto 4. La misma medida se aplica en la espalda por el lado de la cintura hacia arriba (puntos 3 y 4).

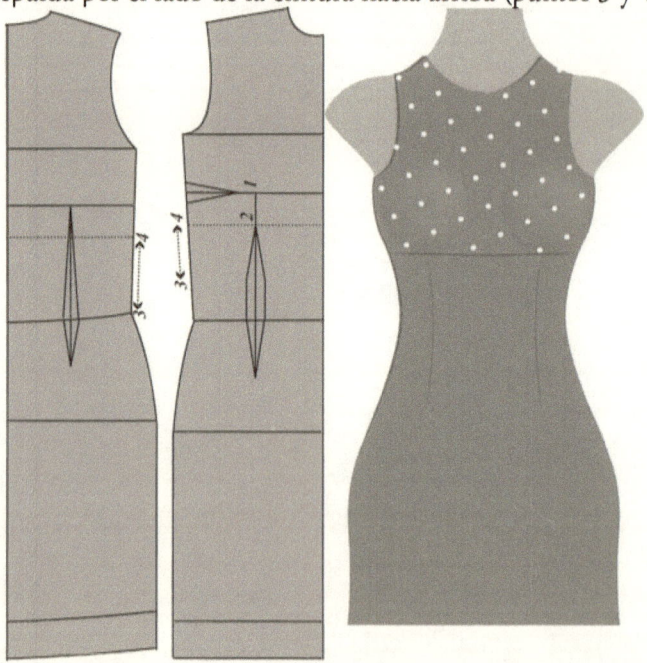

Strapless

Extienda el centro de la pinza por encima de la altura de la bocamanga 4 cm (punto 1). Baje de la bocamanga 1 cm (punto 2), en el escote baje 2 cm por debajo de la altura de bocamanga (punto 3). Una con curva los puntos 2, 1, 3 y aplique la pinza de asentamiento en el punto 4 (esta pinza es igual a la diferencia que hay entre el contorno de busto y base de busto entre 2 y se aplica en dirección al busto punto 4). El modelo básico lleva pinza de asentamiento en el escote de 0.25 cm (punto 5). En la espalda baje de la boca manga 1 cm (punto 6), el escote al gusto (punto 7). Extienda la pinza hasta el escote punto 8.

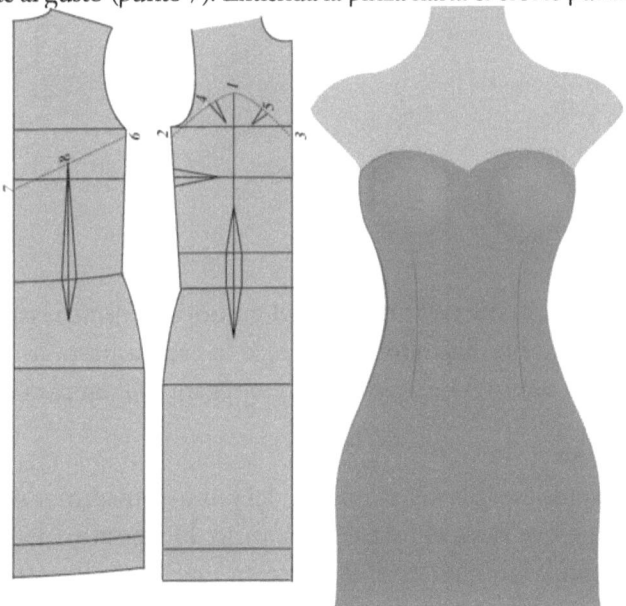

Confección de molde de pantalón corto

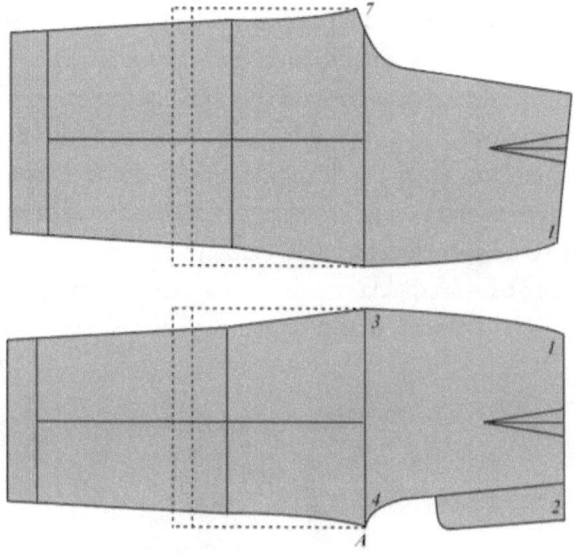

Frente

Utilizamos frente de pantalón, del punto 1 medimos largo del pantalón corto, bajando recto desde la cadera hasta la basta. En el tiro punto A bajamos recto y agregamos 4 cm para basta.

Espalda

Utilizamos espalda del pantalón, del punto 1 medimos el mismo largo que tiene el frente hacia abajo. Del punto 7 bajamos el mismo largo que tiene el frente en esta zona. Recordemos bajar recto en ambos lados.

Falda pantalón

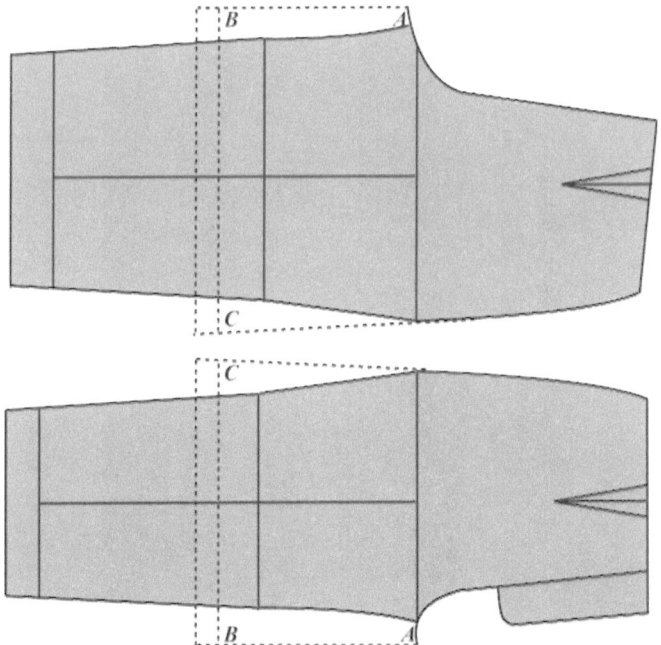

Confeccione molde básico del pantalón, en el frente agregue 3 cm del punto A y baje recto hasta el largo deseado y coloque punto B. Al costado baje en línea A y ponga punto C.

  Inmediatamente una línea A con B y agregue 5 cm para basta repita la misma operación en la espalda.

Traje pantalón

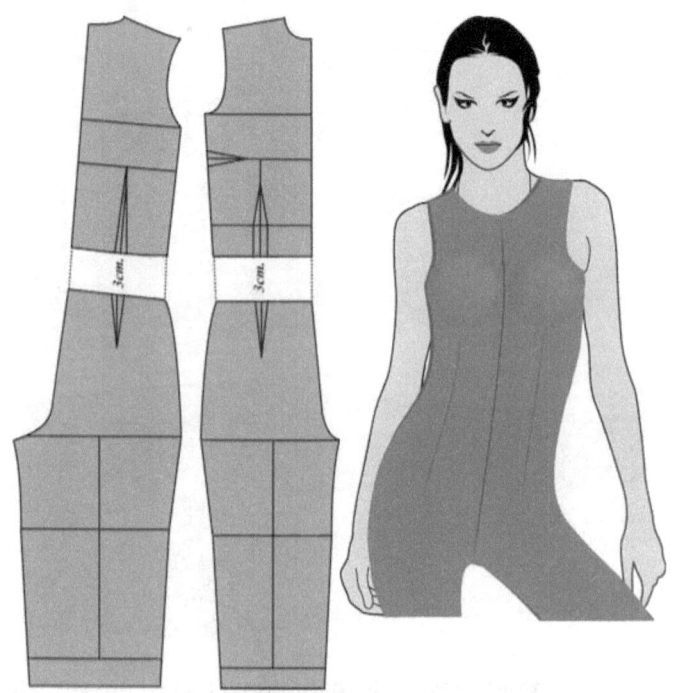

Una blusa básica de vestido con el pantalón frente con frente y espalda con espalda dejando un espacio de 3 cm en la cintura. Haga que las pinzas coincidan con la blusa.

Corrigiendo la falda en determinadas figuras

1. Cadera muy alta y frente llano: El molde básico se debe abrir a la altura de la cadera punto 1, la abertura debe ser de 1 a 2 cm dependiendo que tan alto sea la cadera, lo que se dobla en el punto 2 se elimina doblando en el frente (punto 3).

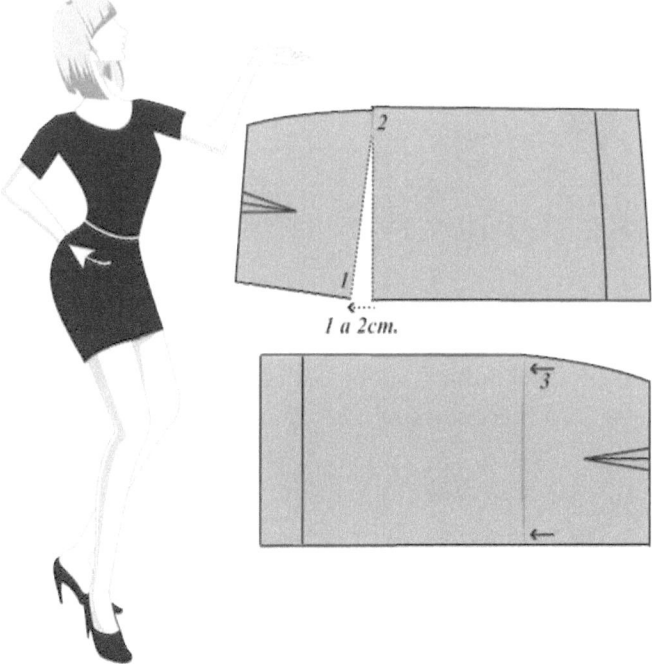

1 a 2cm.

Ajuste a la falda según la cintura

2. Cintura cae bajando en el frente: en el molde parte del frente se baja del punto 1 al punto A y se une al punto 3 con semicurva. El ajuste dependerá de cuánto baje la cintura en el frente.

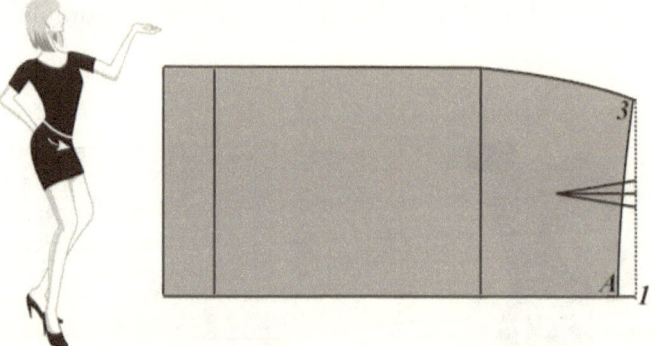

3. Cintura sube en el frente: levante la falda, la corrección es subiendo del punto 1 de 1 a 2.50 cm dependiendo qué tanto sube la cintura y coloca punto A, luego se une al 3 con recta.

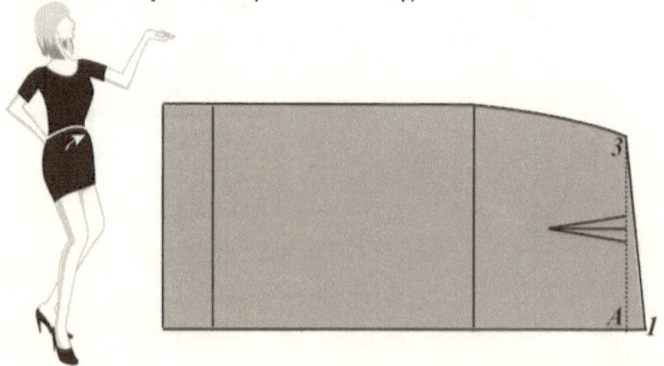

Casos especiales en el pantalón

1. Caderas anchas y poca cintura: en vez de correr 1 cm en el punto 2, corra 2 cm en el frente. En la espalda corra 2 cm más; en el punto 8 corrija punto 1.

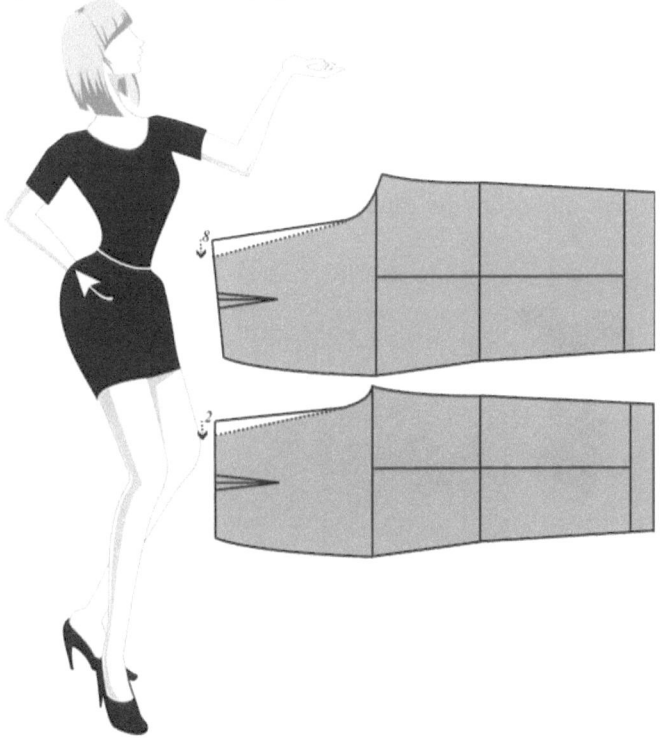

2. Glúteos muy altos: se corrige en la espalda subiendo del punto 8 entre 2 y 5 cm más, depende de qué tan alta sea la cadera.

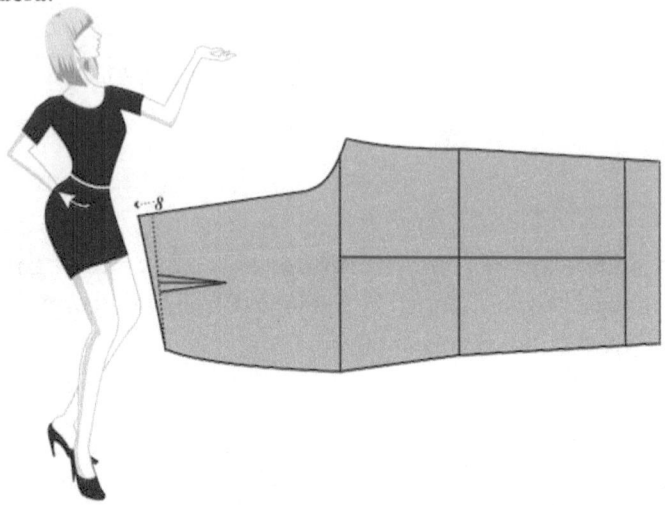

3. Cintura cae en el frente: se baja igual que en la falda la cantidad que sobra del punto 2 hacia bajo punto A.

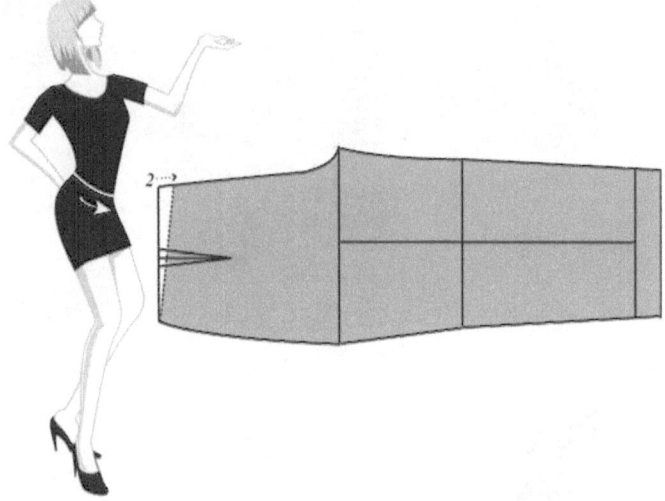

Pinzas de asentamiento

Con el uso de estas pinzas evitamos que los escotes queden abiertos. Estas se aplican solamente en el molde y en los escotes que bajan más de 4 cm del escote básico Ejemplos:

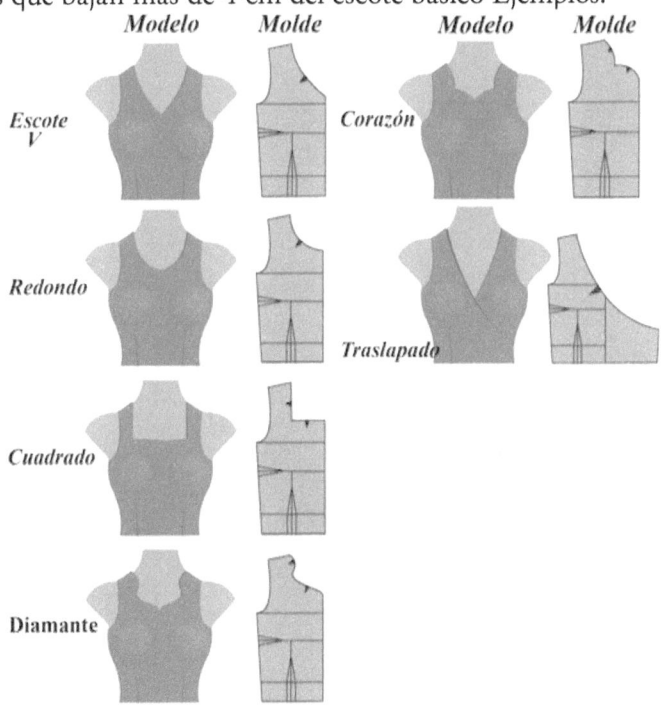

Molde de pantie

Espalda de *pantie*

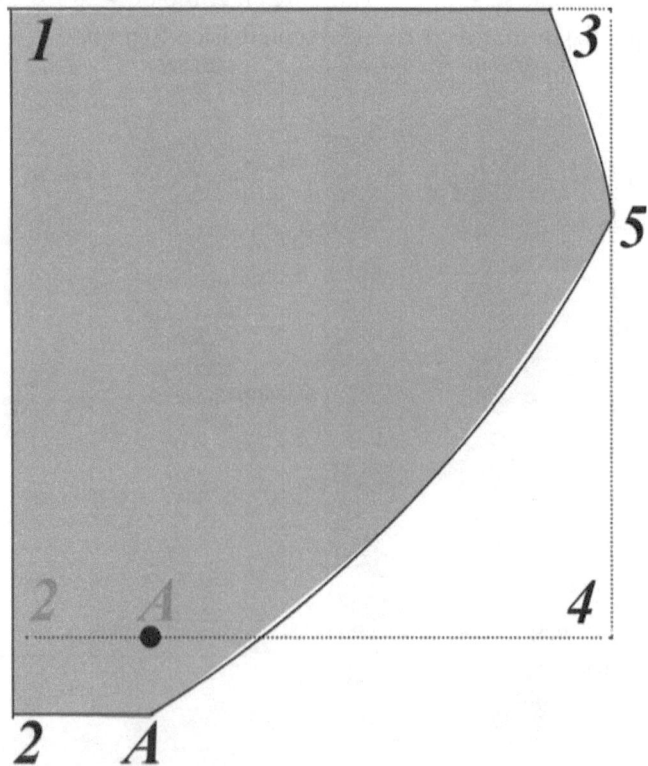

Arme un cuadrado con 4.ta parte de contorno de cadera, ponga los puntos 1-2-3-4. Del punto 2 mida 4.5 cm hacia el pto. 4 y ponga pto A.

En el punto 2, baje 2 cm y en el punto A baje la misma cantidad, luego una punto 2 y A con recta. Del punto tres entre 3 cm y baje 10 cm punto 5, una con curva del 3 al 5 y con semicurva del 5 al A.

Para cortar el *pantie*, corte en el frente del 2 al A con una leve curva bajando 1 cm del punto A, a la parte de abajo se le corta forro si la tela es muy elástica y se le elimina un 10 % del espacio (este es el molde de clásico); de aquí sale cualquier modelo.

Frente de *pantie*

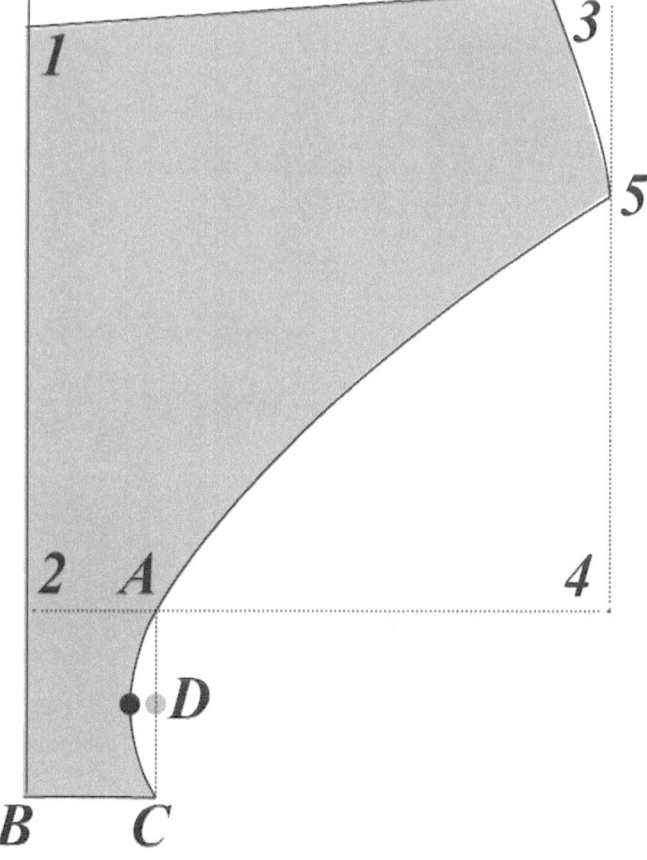

Fabricar un cuadro con la cuarta parte de contorno de cadera poner puntos 1-2-3 y 4.

En el punto 1 entre hacia abajo de 1 a 2 cm, luego del punto 2 extienda 4 cm hacia el punto 4, ponga punto A hacia abajo, mida recto la mitad de la cuarta parte de C. de K. más 3 cm, ponga punta B; del punto B mida 4 cm punto C, ahora una el punto C con punto A, mida del C al A, divida entre 2 y ponga punto entre 1 cm ponga punto D una A con D y D con C formando una pequeña curva. Vuelva al punto 3 y entre 3 cm y baje 10 cm ponga punto 5, una del 3 a 5 con curva, del punto 5 al punto A una con semicurva invertida.

Manga enteriza

Confeccione molde básico de blusa, del hombro punto 1 suba 2 cm ponga punto 2 y mida largo de la manga punto 3, una punto 3 con el 2 y el 2 con el escote en línea recta.

En la parte baja de boca manga descienda 5 cm punto 4, vuela a la parte baja de boca manga y salga 3 cm punto 5. Una ahora 4 con 5 en pequeña curva y 5 con 3 en línea recta.

Este es el básico de manga enteriza por supuesto que lo manga puede ser del largo deseado, igualmente el punto 4 puede bajar al gusto o según el modelo.

En la espalda igual se aplican el mismo procedimiento y medidas.

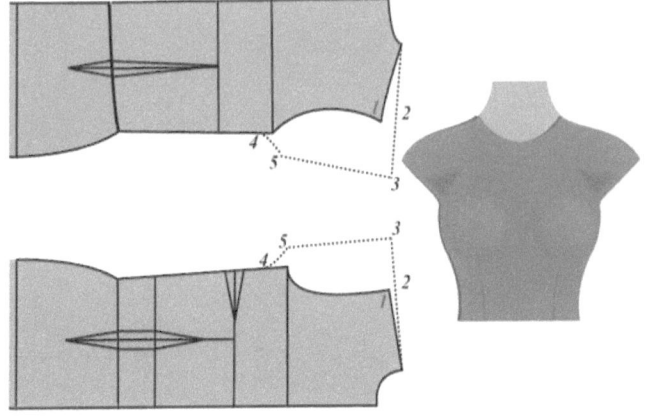

Tercer módulo
Más y diferenttes modelos desde tus moldes básicos

Blusa estilo chaleco

Construya molde básico de blusa. Modifique el escote en V punto 1 a 2, recuerde aplicar pinza de asentamiento en el escote punto 3, las puntas empiezan 6 a 8 cm después de la línea de C. C., punto 4 hasta final de la pinza punto 5, a los lados el largo deseado 3.5 cm para cruce de botones más 1 cm para costura.

Al cortar, recuerde dejar 2 cm en los hombros, 2 cm a los lados, 1.5 cm en escote, bocamanga y en las puntas.

En la espalda se corta igual y el largo hasta el punto 6 y 4 cm más para la basta. Entre sí va a poner manga baje 1.5 cm en la bocamanga.

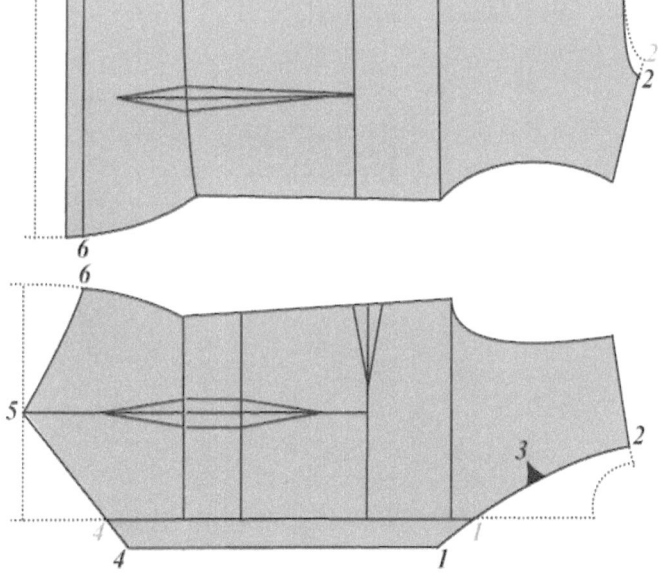

Corte los falsos con las piezas de la blusa ya cortadas

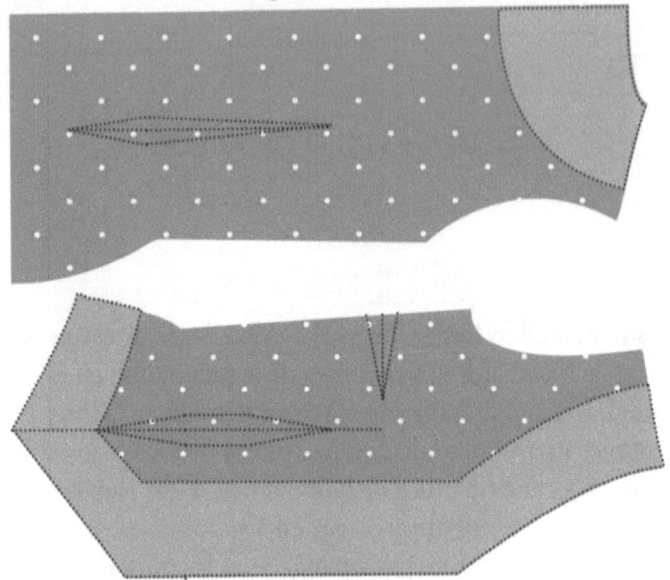

Cosiendo la blusa estilo chaleco:

1. Cosa blusa con blusa en los hombros.
2. Los falsos después de ponerle pelón.
Cosa solos hombro con hombro.
3. Coloque los falsos sobre la blusa derecho con derecho, cosa las costuras de los escotes, hilvane y cosa.
4. Haga su pespunte sobre los falsos.
5. Cosa pinzas y lados.
6. Cosa las mangas.

Manual de alta costura Loren

Falda de piezas o princesa

Confeccione molde básico de falda con el largo deseado y en el centro de pinza pto.1 hasta la basta pto. 2. Verificar que del centro de la pinza pto. 1 a la orilla del papel mida lo mismo que del pto. 2 a la orilla del papel.
Corte molde eliminando pinza.
Corte en el centro de cada pieza una línea; desde la basta punto A hasta el punto A hasta el punto B, el largo de esta línea representará cuánto vuelo le dará a su falda. Abra las pinzas de punto A a punto B a su gusto.

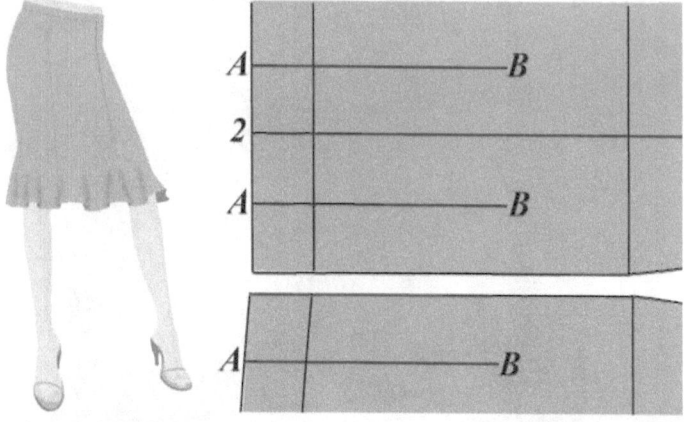

Coloque la tela al doblez y las piezas en el orden que está en la figura. Si la tela es estampada, asegúrese de que el estampado no tenga dirección, de lo contrario todas las piezas deben ir en la misma dirección.

Manual de alta costura Loren

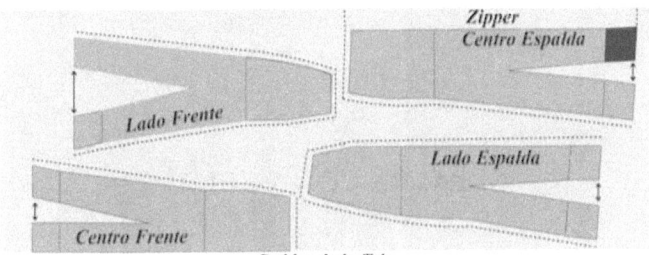

Falda con vuelo

Confeccione molde básico de falda, mida de qué largo desea el vuelo, el mismo largo frente y espalda.

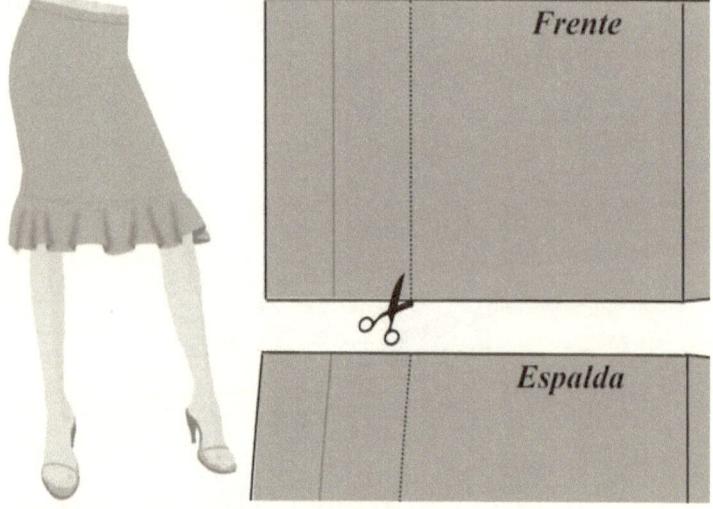

Una frente con espalda por los lados logrando una sola pieza, haga varios cortes, coloque sobre la tela abriendo por los cortes, deje el frente al doblez.

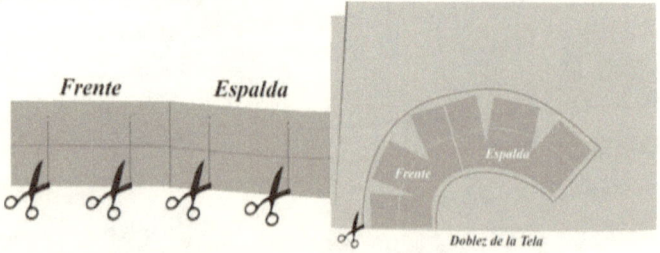

Cuello con vuelos

Confeccione el molde de la blusa, corte la blusa y después saque la pieza que desea hacer en cuello (fig. #1), una en los hombros y cortas en diferentes partes (fig. #2), colóquelo en la tela y abra por donde cortó hasta lograr el vuelo deseado (fig. #3). De esta forma puede lograr cualquier vuelo para cuellos, mangas o faldas.

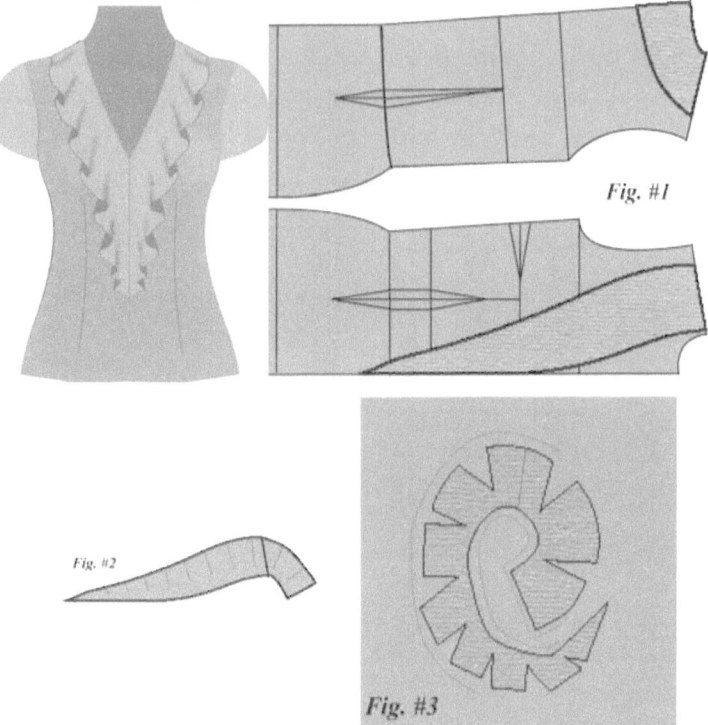

Manga con recogido y china

Manga con recogido: construya molde básico de manga más 1.5 cm de ancho, trace una línea en forma de T (fig. #1) corte la línea T hasta la línea B coloque el molde abriendo en los puntos 1 y 2 abra el molde dependiendo de que tanto recogido quiere (fig. #2).

Si desea hacer pliegues cortar la T por la línea A y abrir igual que en el ejemplo anterior. Cortar dejando 1.5 cm de costura en el contorno de boca manga y 2 cm a los lados.

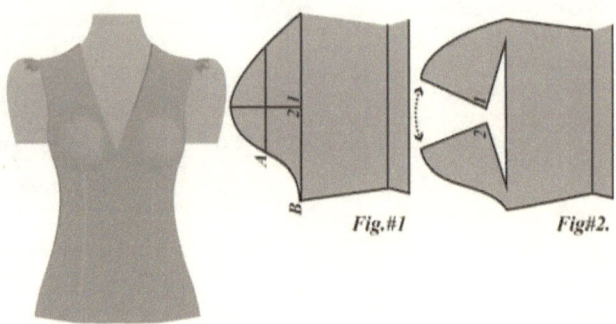

Fig.#1   Fig#2.

Manga china: Igualmente construir manga básica más 1.5 cm de ancho y darle la forma que ve en la fig.# 1, el largo se mide del punto 1 al 2, esta manga siempre se corta doble o se cortan falsos en el contorno de manga.

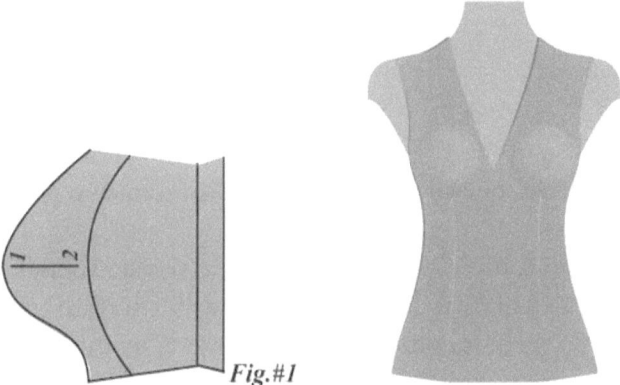

Fig.#1

Halter

Es un estilo que se puede aplicar indistintamente para blusas o vestidos.

Frente: confeccione molde básico de vestido (blusa), ponga punto 1 en el final de escote y extienda 9 cm recto (punto 2), mida 3 a 4 cm (punto 3), únalo al punto 2, modifique su escote al gusto (punto 4) y únalo al 3 con curva del la bocamanga, baje 1 cm (punto 5) y lo une al punto 1, ponga pinza de asentamiento en la bocamanga (punto 6) y en el escote (punto 7).

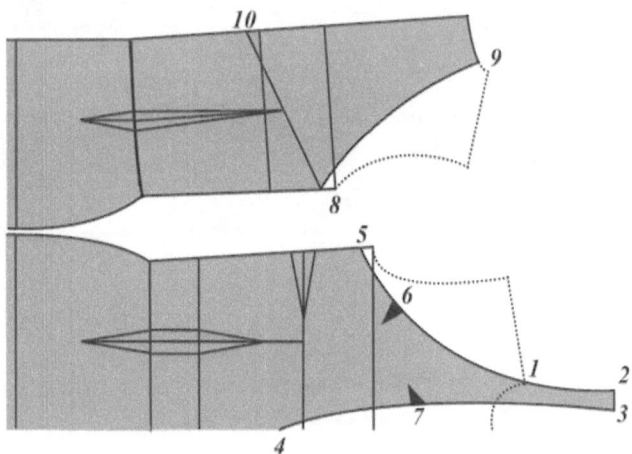

Espalda: confeccione molde básico de espalda, baje de la bocamanga 1 cm (punto 8) y dele la forma deseada, esta puede unir al frente en el escote (punto 9) o dejar la espalda libre como el *strapless* punto 10.

Manual de alta costura Loren

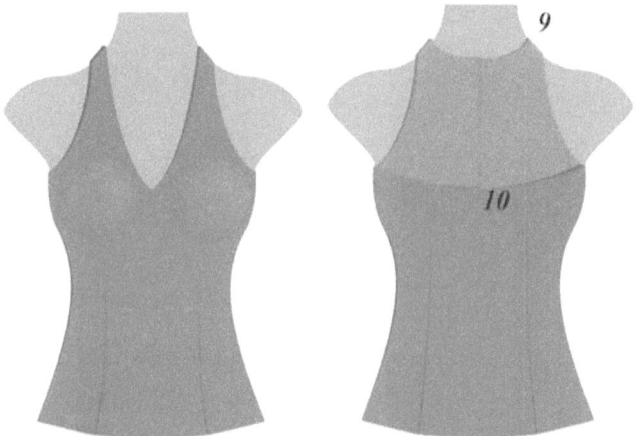

Falda y pantalón con elástico

Falda: después de construir molde básico de falda, continúe recto la medida de contorno de cadera hasta la cintura y luego agregue el ancho del elástico dos veces (fig. #1). Corte dejando 2 cm por los lados, 1 cm en la cintura.

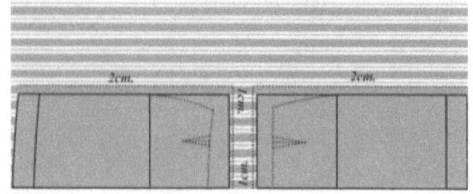

Pantalón: quite la aletilla, luego continúe el contorno de cadera hasta la cintura igual que en la falda y agregue igualmente el ancho de elástico dos veces. Si va hacer piyamas, agregue 1.5 cm en la entrepierna y en los lados.

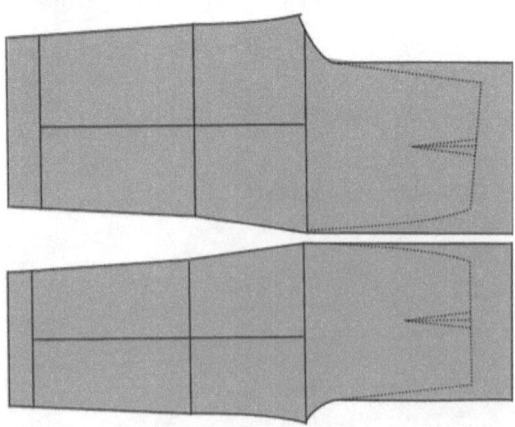

Sesgo de alta costura

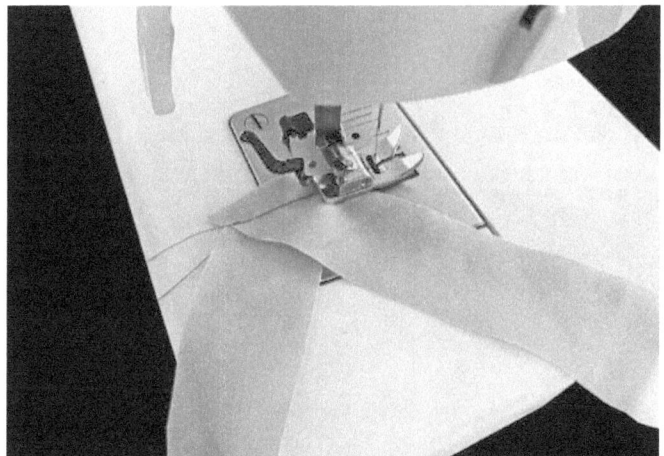

Unir los sesgos de manera diagonal.

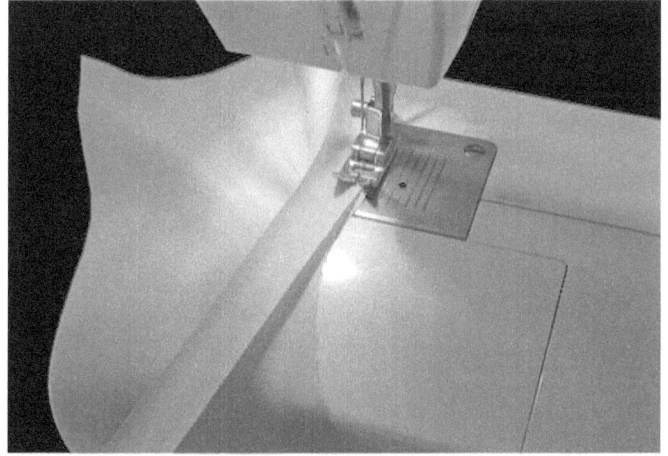

Estirar el sesgo mientras se cose a la pieza.

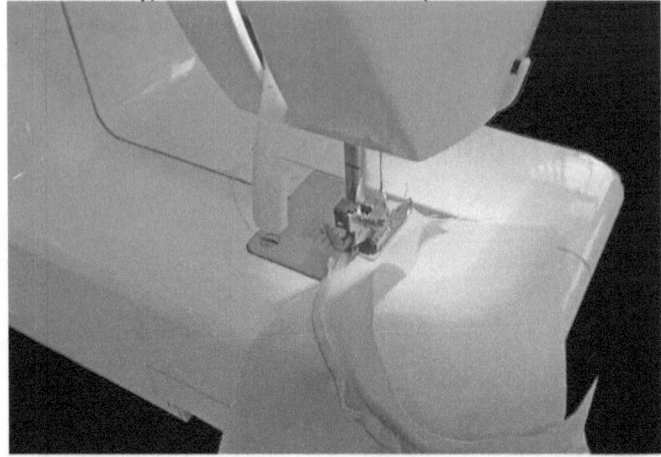

Coser derecho del sesgo con el derecho de la tela.

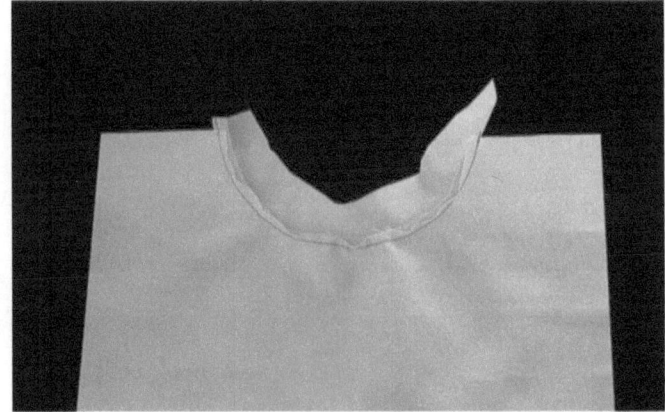

Debe verse por dentro de esta manera

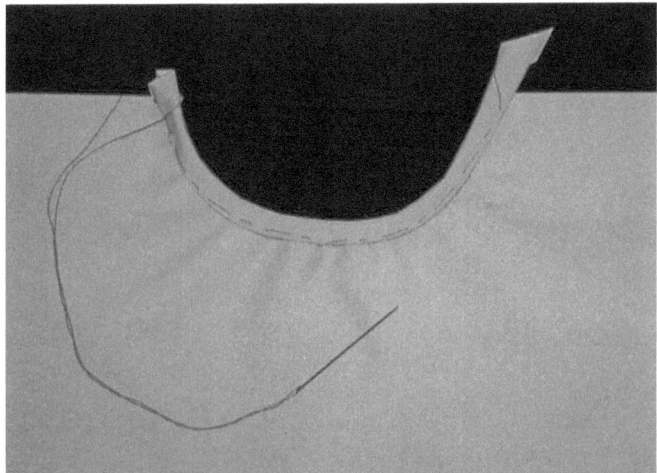

Doble el sesgo hacia adentro de la pieza e hilvane.

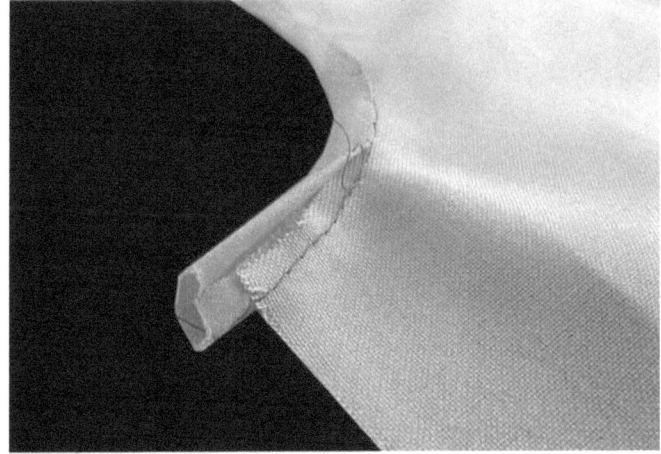

Vista lateral de cómo debe doblarse el sesgo para hilvanar.

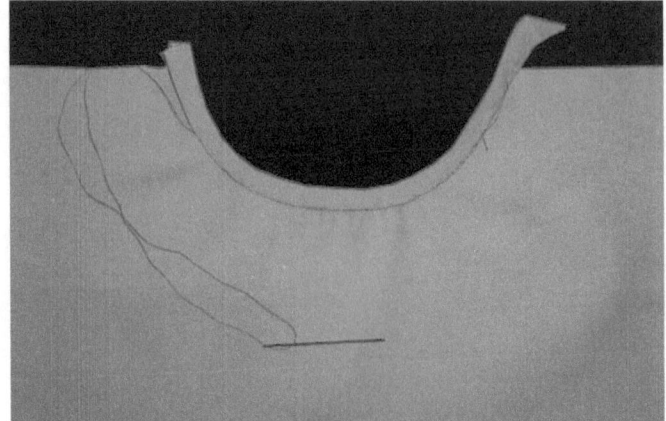

Cierre con costura de basta y suelte el hilván.

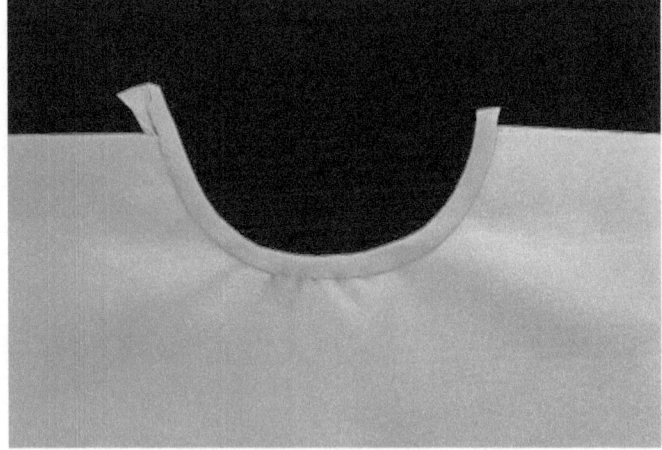

Finalmente su sesgo debe lucir por fuera así.

Sesgo para lencería y bebés

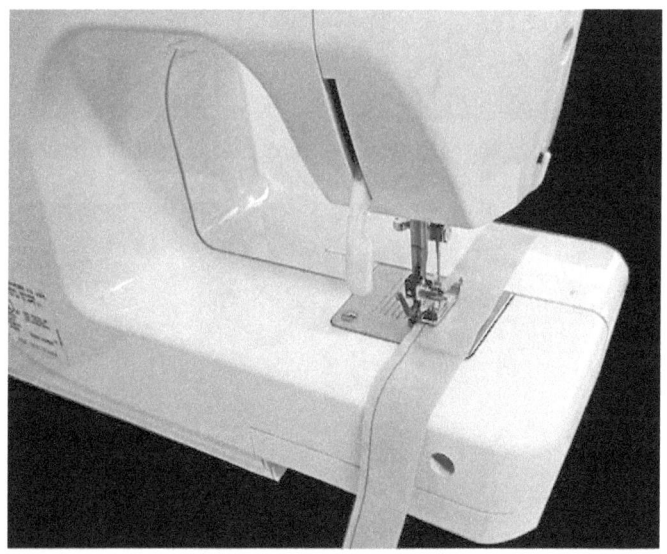

1. Realizar costura recta por el borde del sesgo.

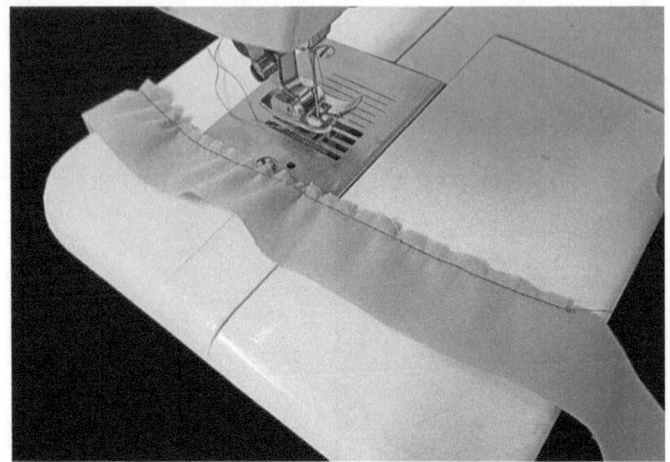

2. Fruncir el sesgo tirando levemente de la costura hecha por el borde del sesgo.

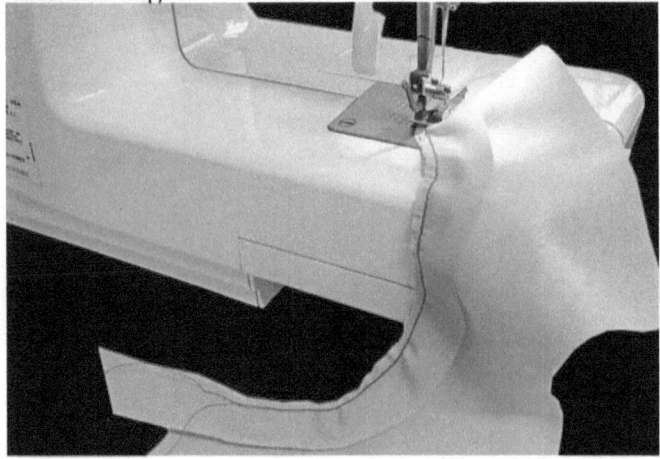

3. Pegar el sesgo fruncido a la pieza. Recuerde que debe coincidir derecho con derecho.

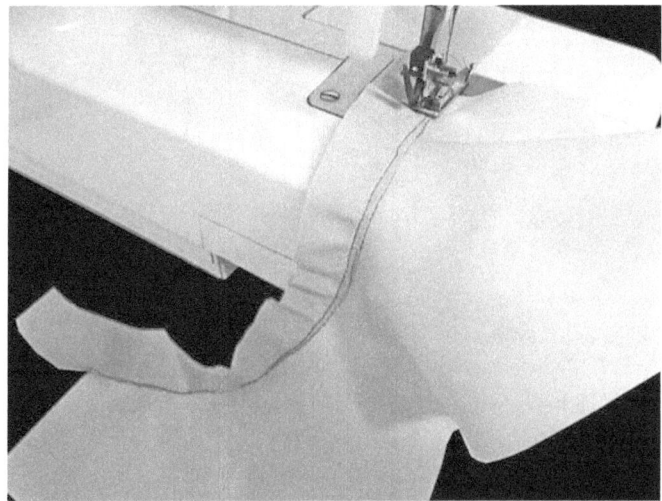

4. Hacer pespunte al sesgo.

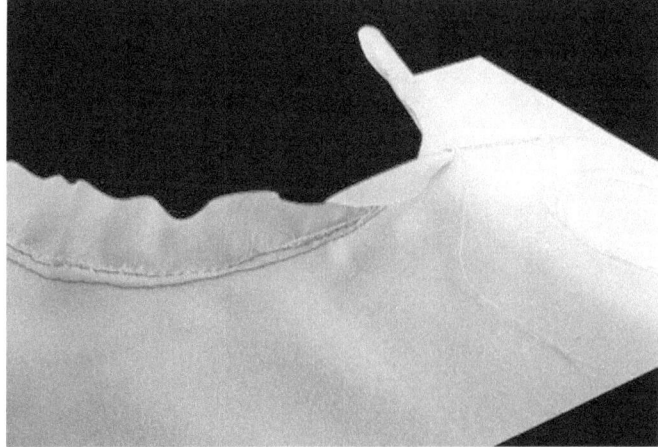

5. Doblar sesgo y procedemos a cerrarlo con basta a mano.

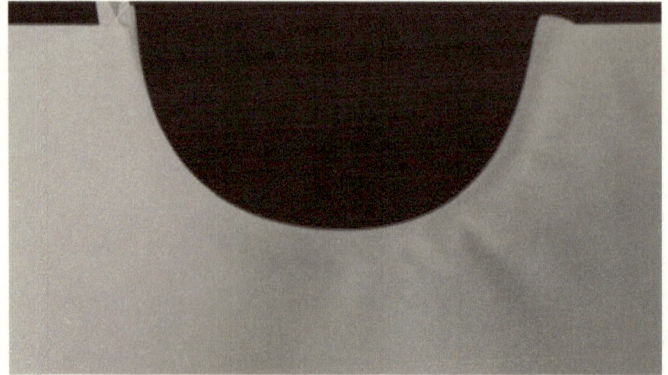
6. Así debe verse nuestro sesgo por fuera.

Pespunte

1. Unir las dos piezas de tal manera que coincidan derecho con derecho.

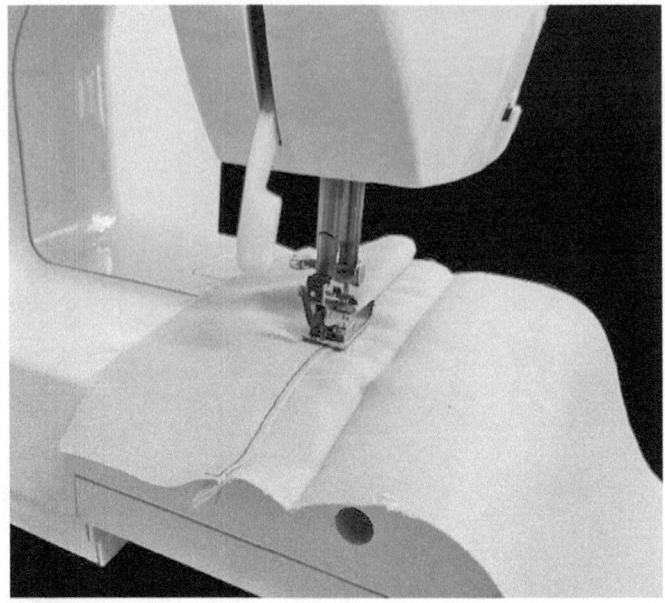

2. Voltear al derecho y abrir la costura realizada en el paso 1. Luego sobre el falso o sesgo coser a un mm adentro y encima de la pestaña de la costura previamente realizada con el objetivo de fijar el falso o sesgo dentro de la prenda. Esta costura es recomendada en falsos y sesgos para lencería y ropa de bebés.

Recomendaciones en el mundo de la alta costura

Las telas que tienen poliéster y que en la actualidad son la mayoría se debe planchar al revés. Si no, ponga un paño encima para que no tomen brillo.

Puede convenirle guardar retazos para probar con su plancha, ya que algunas telas pueden arrugar al planchar en una determinada temperatura. Los retazos también pueden ser empleados para probar las agujas.

Algunas telas como lino, rami, algodón pueden encoger a ser lavadas. Es mejor mojarlas antes de confeccionar la prenda para probarlo.

Siempre que compre telas a rayas o a cuadros recuerde comprar un poco más, porque al casar los diseños se pierde más tela.

Cuando vaya a casar líneas al igual que costuras sujételas con alfileres a fin de que no se corran.

Cuando corte telas con diseños tenga cuidado de que todos corran en el mismo sentido.

Al cortar, coloque siempre la tela al revés al menos que esté cuidando un diseño. Las marcas no deben verse.

Hilvane la pieza y pruébela antes de coser a máquina: algunas telas se dañan luego de soltar una costura hecha a máquina.

Algunos trucos para aparentar una figura perfecta

Primero que nada, debemos sincerarnos y reconocer nuestras desventajas, para así resaltar áreas que son más atractivas y lograr una figura más equilibrada.
Hay figuras bien definidas:
Forma de pera o con caderas muy anchas:

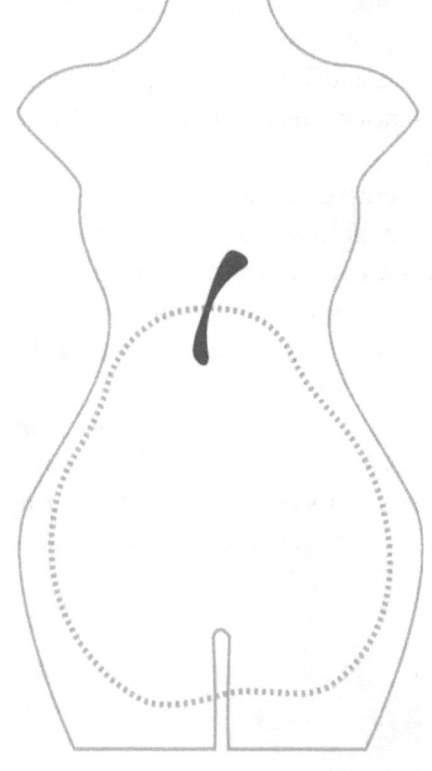

Para equilibrar la figura debe llamar la atención hacia la parte superior donde puede usar colores claros, estampadas grandes, rallas horizontales o cuellos amplios en el torso. Estos deben ser combinados con faldas o pantalones oscuros y holgados.

Las chaquetas o sacos deben cubrir la cadera de forma que puedan atraer la atención hacia la parte superior de la figura; las hombreras le favorecen.

Los vestidos pueden ser con cortes rectos. Los vuelos en los escotes al igual que la manga larga son favorables.

No debe usar:

Chaquetas o sacos cortos que no cubran la cadera. Las faldas cortas hacen ver las caderas más anchas. No use ropa entallada. Las telas muy ligeras no le benefician, las faldas no pueden ser muy encogidas ni tan amplias, no use cinturones. Trate siempre de llamar la atención hacia la parte superior.

Figura de triángulo invertido o con mucho busto:

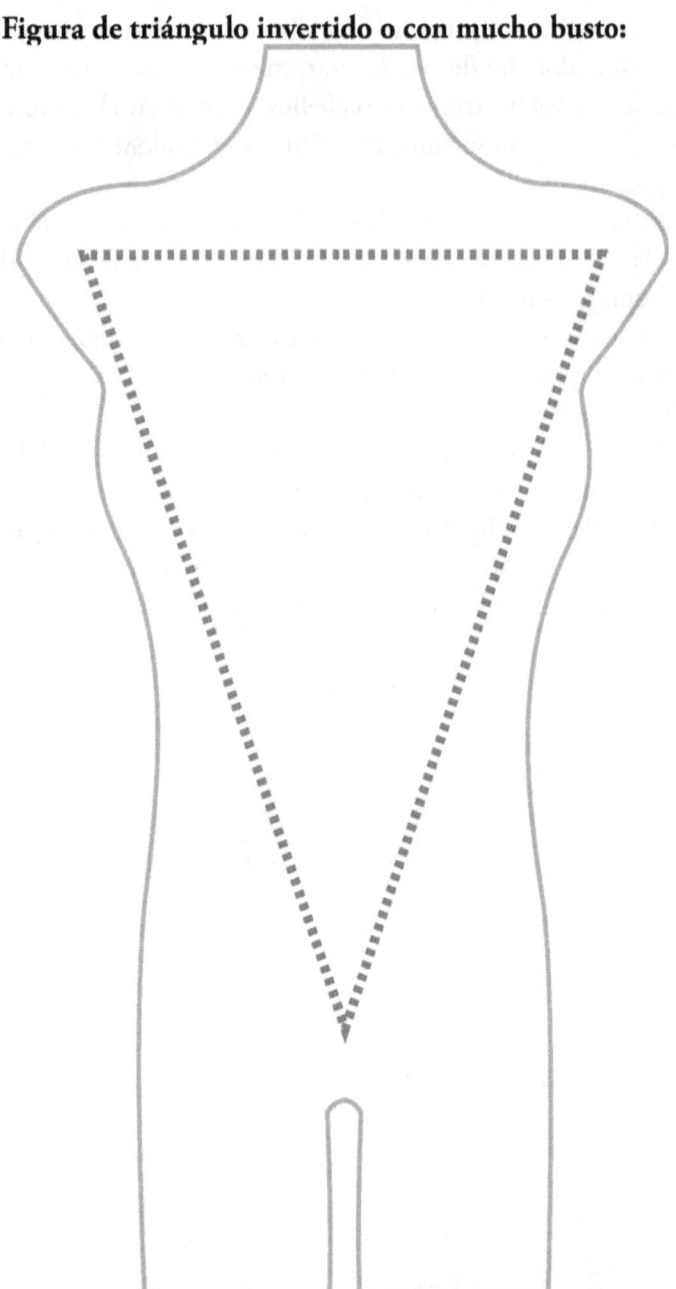

Podrá balancear su figura usando colores oscuros en la parte superior. Use pantalones lisos de colores claros con buena caída, faldas con vuelos, estampados grandes o detalles alrededor de la basta.

También le sentarán bien chaquetas o sacos que le cubran la cadera y de colores oscuros con una sola hilera de botones.

Un buen truco es usar blusas claras con sacos oscuros y abiertos: crean la ilusión de que hay menos volumen.

Las blusas o chaquetas con líneas delgadas verticales logran verdaderos milagros.

Vestidos: en colores enteros con escotes en V o profundos hacen ver menos busto, estos deben ser largos. Cortes como el *halter* le favorecen si no tiene hombros anchos.

No usar

Vestidos *strapless* amplían el dorso, la ropa ajustada resalta más la figura y hacen ver más volumen.

Loren Tibbet

Figuras robustas

No use ropa muy ajustada ni tan holgada tampoco; telas vaporosas hacen ver más volumen.

Los estampados grandes son desfavorables. No use colores claros, ni líneas horizontales. Los escotes cuadrados añaden ancho. Las mangas recogidas dan apariencia de más volumen.

Le favorecen

La ropa oscura desaparece kilos. Los escotes en V logran aparentar menos peso. Use los pantalones y falda lo más largos posibles, una falda corta aparenta más volumen.

Use telas que tengan buena caída, pero que no se peguen al cuerpo. Las líneas delgadas con poco espacio entre una y otra en forma vertical hacen figuras más delgadas y altas.

Los cortes princesa o trazos diagonales crean una apariencia más estilizada. Las telas como *chiffon* y *crepe* le darán una buena apariencia.

Si es baja de estatura

Sus diseños deben ser sencillos, cortes sutiles no debe llevar vuelos ni recogidos, adornos que llamen tanto la atención. Los pantalones lo más largo posible; las chaquetas o sacos cortos apenas después de la cintura le dan buena apariencia.

Los conjuntos de un solo color le favorecen, en especial los colores oscuros. Los vestidos tipo bolero le van bien; las rayas verticales le dan apariencia de más altura.

Tenga cuidado si es muy delgada. No use los estampados grandes. No le favorecen las faldas muy largas.

Conclusión

En ese sencillo curso, ha quedado patente mi deseo de proporcionarles un medio eficaz para iniciar o continuar su recorrido por este fascinante mundo de la modistería.

Debo recordarles que solo con la práctica podrán obtener los resultados deseados.

Yo estaré siempre a su disposición.

Dios los bendiga.

Índice

Prólogo de Leonora de Muñoz	7
Prólogo de Olga de León Pimentel	9
Introducción	10
La diferencia en la costura	11
Abreviaturas	12
Lista de materiales	18
Cómo tomar las medidas	19
Primer módulo	23
Frente de falda	25
Espalda de falda	27
Cortando la falda básica	28
Zipper	29
Falda acampanada	33
Molde básico de blusa.	

Espalda	34
Frente de blusa	36
Confección de molde de manga	39
Cosiendo la manga	42
Molde y corte de blusa sport	43
Cuello sport básico y chino	45
Molde y corte de vestido básico	47
Confección de vestido básico sin mangas	49
Construcción del molde de pantalón	50
Espalda del pantalón	52
Cortando el pantalón	54
Colocación de pretina	55
Segundo módulo	**59**
Corte princesa	61
Cortando el vestido princesa	63
Cuello de saco	64
Espalda de saco	66
Confección bolsillo de saco	67
Corte imperio	72
Strapless	73
Confección de molde de pantalón corto	74
Falda pantalón	75
Traje pantalón	76
Corrigiendo la falda	

en determinadas figuras	77
Ajuste a la falda según la cintura	78
Casos especiales en el pantalón	79
Pinzas de asentamiento	81
Molde de pantie	82
Manga enteriza	85
Tercer módulo	**87**
Blusa estilo chaleco	89
Falda de piezas o princesa	92
Falda con vuelo	94
Cuello con vuelos	95
Manga con recogido y china	96
Halter	98
Falda y pantalón con elástico	100
Sesgo de alta costura	101
Sesgo para lencería y bebés	105
Pespunte	109
Recomendaciones en el mundo de la alta costura	111
Algunos trucos para aparentar una figura perfecta	112
Conclusión	119

Editorial LibrosEnRed

LibrosEnRed es la Editorial Digital más completa en idioma español. Desde junio de 2000 trabajamos en la edición y venta de libros digitales e impresos bajo demanda.

Nuestra misión es facilitar a todos los autores la edición de sus obras y ofrecer a los lectores acceso rápido y económico a libros de todo tipo.

Editamos novelas, cuentos, poesías, tesis, investigaciones, manuales, monografías y toda variedad de contenidos. Brindamos la posibilidad de comercializar las obras desde Internet para millones de potenciales lectores. De este modo, intentamos fortalecer la difusión de los autores que escriben en español.

Ingrese a www.librosenred.com y conozca nuestro catálogo, compuesto por cientos de títulos clásicos y de autores contemporáneos.

www.ingramcontent.com/pod-product-compliance
Lightning Source LLC
Chambersburg PA
CBHW022016300426
44117CB00005B/212